酒店实习指导书

蔡平 梁盛◎主　编
胡毅勤 伍然 杨卉◎副主编

北京·旅游教育出版社

责任编辑：巨瑛梅

图书在版编目（CIP）数据

酒店实习指导书 / 蔡平，梁盛主编. -- 北京：旅游教育出版社，2017.11
 ISBN 978-7-5637-3666-9

Ⅰ. ①酒… Ⅱ. ①蔡… ②梁… Ⅲ. ①饭店－商业服务－高等职业教育－教材 Ⅳ. ①F719.2

中国版本图书馆CIP数据核字(2017)第289406号

酒店实习指导书

蔡平　梁盛　主编

胡毅勤　伍然　杨卉　副主编

出版单位	旅游教育出版社
地　　址	北京市朝阳区定福庄南里1号
邮　　编	100024
发行电话	（010）65778403　65728372　65767462（传真）
本社网址	www.tepcb.com
E - mail	tepfx@163.com
排版单位	北京旅教文化传播有限公司
印刷单位	北京艺堂印刷有限公司
经销单位	新华书店
开　　本	787毫米×1092毫米　1/16
印　　张	10.75
字　　数	163千字
版　　次	2017年11月第1版
印　　次	2017年11月第1次印刷
定　　价	28.00元

（图书如有装订差错请与发行部联系）

前 言

本书是酒店管理及相关专业学生顶岗实习的指导教材。全书共分五章，从酒店实习准备、酒店实习实践、酒店实习总结三个阶段循序渐进地对学生实习进行指导。第一章聚焦"酒店实习准备"，引导学生认识顶岗实习的意义和目标，客观认识自我、选择实习岗位，掌握酒店实习面试与求职的技巧，做好充分的实习前准备。第二、三、四章注重"酒店实习指导"，选择前台接待、礼宾、客房、餐厅、厨房、酒吧、人力资源等接受学生实习的主要酒店工作岗位，呈现这些工作岗位的基本情况、任职条件及职责、岗位工作内容与要求，指导学生快速适应实习岗位的基本工作要求。第五章强调"酒店实习总结"，引导学生在实际体验酒店工作后及时总结经验收获、反思不足、评估自己的实习成绩，以进一步明确专业学习及就业的方向和目标。另外，第一、五章有"本章推荐阅读"，第二、三、四章每节有"推荐阅读"，以帮助学生拓展学习视角、开发管理潜质、训练管理思维与能力、奠定酒店管理基础。

本书在帮助学生适应酒店企业用人要求、避免实习过程中的迷茫困惑、激发学生的内在动力、培养和提高学生的实际工作能力方面有着积极的作用和意义。

本书在内容上力求契合酒店业务的新发展、新变化，注重时代性、专业性，突出实用性、可操作性。本书不仅适用于高等院校酒店管理及相关专业学生的实习指导，同时也可作为酒店企业新入职员工的工作指导教材和酒店职业培训教材。

本书为集体智慧的结晶。蔡平、梁盛为主编，胡毅勤、伍然、杨卉为副主编。各章节的撰写分工如下：第一章由梁盛撰写；第二章第一节由蔡平撰写，第二节由胡爱民撰写，第三节由胡毅勤撰写，第四、五节由杨卉撰写；第三章第一节由杜密

I

英撰写,第二节由梁盛撰写,第三节由陈蜀花撰写,第四节由刘澜江撰写,第五节由周景昱撰写,第六节由谭兴勇撰写,第七节由李俊成撰写;第四章第一节由伍然撰写,第二节由伍燕琼撰写;第五章由蔡平撰写。本书由蔡平、梁盛统稿。

此外,张九银、陈珺霞两位老师对本书的创意和框架设计提出了宝贵的建设性意见,在此表示感谢,同时感谢旅游教育出版社的大力支持。

由于时间仓促,作者经验不足,本书难免存在一些不足,敬请广大读者批评指正。

编者

2017 年 9 月 30 日

目录 Contents

第一章　酒店实习准备 ……………………………………………………………… 1
第一节　酒店实习概述 …………………………………………………………… 1
第二节　选择合适的实习酒店（岗位）………………………………………… 4
第三节　面试与求职 ……………………………………………………………… 8
第四节　酒店实习准备 …………………………………………………………… 15

第二章　酒店房务实习指导 ……………………………………………………… 27
第一节　酒店前台实习指导书 …………………………………………………… 27
第二节　酒店礼宾实习指导书 …………………………………………………… 34
第三节　酒店总机实习指导书 …………………………………………………… 41
第四节　酒店客房楼层实习指导书 ……………………………………………… 48
第五节　酒店客房服务中心实习指导书 ………………………………………… 56

第三章　酒店餐饮实习指导 ……………………………………………………… 61
第一节　酒店中餐实习指导书 …………………………………………………… 61
第二节　酒店宴会实习指导书 …………………………………………………… 68
第三节　酒店西餐实习指导书 …………………………………………………… 79
第四节　酒店酒吧实习指导书 …………………………………………………… 83
第五节　酒店餐厅收银员实习指导书 …………………………………………… 91
第六节　酒店中厨实习指导书 …………………………………………………… 98
第七节　酒店西厨实习指导书 …………………………………………………… 119

第四章　酒店行政实习指导 ··· 135
第一节　酒店人力资源协调员实习指导书 ······················· 135
第二节　酒店文秘实习指导书 ·· 143

第五章　酒店实习总结 ·· 149
第一节　酒店实习总结 ·· 149
第二节　实习成绩评定 ·· 151

参考文献 ··· 154

附　录 ·· 157
附录1　学生酒店实习成绩鉴定表 ·································· 157
附录2　酒店管理学院实习日志本 ·································· 159
附录3　酒店管理学院实习报告 ····································· 164

第一章
酒店实习准备

第一节 酒店实习概述

一、酒店实习的内涵

实习从实习目的与实习性质上来分,一般可以分为认知实习、顶岗实习、就业实习三种。本书中所讨论的酒店实习是指酒店顶岗实习。

酒店顶岗实习是指酒店管理专业或相关专业的学生在酒店从事与酒店员工一样的生产实践活动,对所学专业课程的学习进行综合检验和巩固,并在各专项能力的基础上形成综合性岗位能力的过程。酒店顶岗实习是学校充分利用酒店的专业人才、技术、设备及经营环境等资源,通过校企合作,培养学生的综合素质、动手能力,缩短学生走上工作岗位的适应期,为学生进一步深入学习相关理论知识打下基础的有效途径,是产学结合的重要教学环节。

通过酒店顶岗实习,学生可以在一个真实的酒店工作环境中,以"酒店职业人"的身份从事生产性工作,承担酒店相关工作岗位的职责和义务,学习相关工作技能,取得相应工作经验,并获取一定的劳动报酬。

二、酒店实习的特点

(一)学生参与的普遍性和学生身份的双重性

2005年,国务院下发《关于大力发展职业教育的决定》,确定工学结合、校企合作的培养模式是中国职业教育的发展方向。2006年,教育部16号文件进一步明确要求:"高等职业院校要保证在校生至少有半年时间到企业等用人单位顶岗实习。"因此，职业院校学生绝大多数都要参与顶岗实习。而酒店管理专业是强调实践性的专业，对学生的实践动手能力要求很高，顶岗实习更是专业学习中不可或缺的教学环节。目前，世界上所有的酒店管理专业均十分强调顶岗实习，所有的酒店管理专业学生均要求有顶岗实习的经历。

学生到酒店顶岗实习，具有在校学生和酒店员工的双重身份，这就决定了学生在酒店顶岗实习期间，必须接受学校和酒店的双重管理，一般来说，是以酒店管理为主，学校管理为辅。

（二）学习方法的实践性和学习内容的综合性

酒店实习是酒店管理专业或相关专业学生学习中不可或缺的阶段，因此，实习也是学习，但实习期间的学习方法和学习内容与一般课堂学习有所不同。

酒店实习是在酒店实践中学习。学生在实习过程中，会遇到很多书本上没有讲到的具体知识和技能，要求学生善于在实践中学习，以提高自己的综合实践能力和就业竞争力。

课堂学习多数在固定场所以固定的教学方式按章节、按顺序进行，而酒店实习综合涵盖了各门课程知识，学生不但需要回顾前期课程知识，还需将其融会贯通，同时积累经验，为下一阶段深入学习打下良好基础。实习的场所和方法也不会像课堂学习那样单一，任何一个地方都可能是学习的场所，学习的方法也是多种多样。

（三）实习酒店的分散性和实习环境的真实性

实习使学生在空间上与学校脱离，且由于同一酒店的岗位容纳的实习生数量有限，加之个人志愿不同，导致同一个班级的学生常常分散在不同的实习酒店，即便是同一个实习酒店也往往在不同的岗位实习。

酒店实习从"以课堂和学校为中心"到"以岗位和酒店为中心"，提供了最真实的专业学习环境。这种环境与学校的学习环境相比发生了很大的变化，从空间上看，"岗位"替代了"课堂"，"酒店"替代了"学校"；从时间上看，"工作排班表"替代了"课程安排表"。实习环境真实性这一特点决定了学生到酒店后必将有一个适应环境的过程。

三、酒店实习的作用

（一）酒店实习是一种专门的学习和训练

1. 技能需要在实践中锻炼提升

实习就是在实践中学习，很多酒店服务技能需要在实践中学习和提升，虽然现在大部分的职业院校都建设有校内实践教学基地，能够在校内给学生一定的实践体验，但由于课时有限、缺乏真实情景等方面的原因，学生在教室中永远无法体验真实酒店环境下的实践感受。高等职业院校培养的是高素质应用型人才，而实习是实现高素质应用型人才培养目标的必由之路。国家颁布的《职业教育法》《劳动法》和《国务院关于大力发展职业教育的决定》等，都对职业院校的顶岗实习有非常明确的规定。这些关于顶岗实习的决策显然经过许多专家的周密研究和反复论证，并为国外职教强国的成功实践所检验，是培养高素质应用型人才最有效的方式。

2. 酒店实习是一种系统、真实而又快速的专门训练

酒店实习是酒店管理专业教学中经过严密组织和设计的实践性教学活动。实习酒店经过精心选择，酒店实习的指导老师经过严格筛选。由于实习期间学生有学校实习导师、企业实习导师的指导，学生遇到的各种困难实习导师都能基于学生具体情况给出建设性指导意见，学生能在短期内快速了解行业、熟悉酒店、增长才干和深入社会。如果没有经过酒店实习，酒店管理专业的学生毕业后无论是个人的社会适应还是成长发展都可能要经历更长时间的摸索。

（二）顶岗实习对学生、家庭、社会、酒店和学校均有好处

（1）对学生而言，到酒店实习是锻炼学生独立性、培养责任感、形成优良品质的重要形式。

到酒店实习让学生在短期内体验酒店一线操作、酒店管理、酒店文化、真实的工作情景，能让学生在实践中成长、成才，缩短了未来就业的磨合期，为进一步学习打下良好基础。

（2）对家庭而言，大学生一经走上工作岗位，就标志着"小鸟出巢，独自觅食"，逐渐通过自己的劳动来独立生活。

实习能让学生体会到挣钱的不容易和父母的辛苦，从而学会体谅和宽容、忍让。顶岗实习期间，酒店为学生提供的实习报酬直接减轻了学生家长的经济负担。虽然实习报酬相对较低，但毕竟是自食其力。顶岗实习从客观上增强了学生独立生存的信心，并使之逐步养成为家庭贡献一份力的自觉。

（3）对社会而言，酒店实习不仅为学生提供了在酒店实践的机会，也为学生接触社会创造了条件。

"社会是最大的学校，也是最好的学校。"酒店实习让学生提前步入社会，使他们在较短的时间内有了丰富了人生阅历，并全面锻炼了他们与人相处的能力、沟通能力、协调能力、分析解决问题的能力和判断选择能力等。酒店实习可以培养学生的社会责任

感，为他们将来适应社会打下基础。

（4）对酒店而言，合理使用实习生，可以在一定程度上降低用人成本，提升员工的整体素质。

酒店可以从实习生中发现优秀人才，通过预定实习表现优秀的学生，可以节约招聘、培训、试用、不合格解聘等方面的费用，也可以储备人才。

（5）对学校而言，顶岗实习是学校教学的外延和补充。

学校通过与优秀酒店的深度合作，让酒店参与学校的专业建设和课程改革从而推动其发展，使学校的人才培养更加符合行业需求。另外，通过安排学生顶岗实习，校内教师有更多的机会接触酒店、了解酒店，到酒店挂职学习等，从而提升专业老师的业务素质，改善教师队伍结构，创新师资培养模式，拓展教育领域，提升教学质量，提高学校的知名度、美誉度和竞争力。

第二节　选择合适的实习酒店（岗位）

目前，在酒店管理专业学生实习安排上，不同学校有不同的模式：有的学校采用自主实习的模式，由学生自行寻找、联系实习酒店，报学校备案即可；有的学校采用统一安排实习的模式，即由学校统一联系、筛选、确定实习单位，学生只能到学校指定的实习单位进行实习；有的学校采用统一安排与自主实习相结合的模式。但即便是采用统一安排实习模式的学校，也很少直接指定学生的实习酒店和实习岗位，一般都是以实习双选会的形式，由实习酒店和学生通过双向选择来确定实习单位和岗位。学生一旦确定实习酒店（岗位），原则上在实习期内不允许随意调换。

因此，对于酒店管理专业的学生来说，选择到最适合自己的实习酒店（岗位）很重要，这在很大程度上决定了学生是否能够愉快地度过实习期，并学有所成。

一、选择实习酒店（岗位）的原则

（一）没有最好，只有适合

学生在选择实习酒店（岗位）时，要时刻记住："没有最好的酒店（岗位），只有适合自己的酒店（岗位）。"在选择实习酒店（岗位）时，要结合自己的性格特点、爱好特长，并综合考虑各方面条件，找到最适合自己的酒店（岗位），而不是去试图找到最好的酒店（岗位）。

（二）不从众、不攀比

很多学生在选择实习酒店（岗位）时，往往有从众和攀比的心理，具体表现就是："我的同学都去某某酒店（岗位）了，所以我也要去""我的同学都去了国际连锁五星级酒店了，我去国内单体四星级酒店太丢脸了"。但其实每个人的情况不同，适合别人的不一定适合自己。所以，在选择实习酒店（岗位）时，要冷静、理智，不要人云亦云，不要盲目从众攀比。

（三）机会都在"冷门"里

因为学生大都有从众攀比的心理，所以在选择实习酒店（岗位）时就容易出现热门和冷门。比如，很多学生都希望到一线大城市去实习，都希望到著名国际连锁酒店集团的高端品牌酒店实习，都喜欢到前台等岗位实习，而对二三线城市、国内品牌酒店、客房部等往往不太感兴趣。但其实热门往往意味着要求高、竞争激烈，而冷门往往机会更多，冷门酒店（岗位）里的人才相对较少，到那里去实习比较容易被接受，入职后更受重视，学到的东西更多，成长得更快。

二、客观认识自我

要找到适合自己的实习酒店（岗位），首先要客观认识自己、了解自己，全面系统地分析自己各方面的情况，如外在条件（身高、长相）、性格特点、语言能力、知识储备、爱好特长、将来发展目标等。只有客观地了解自己、认识自己，才能摆脱迷茫，明确职场目标和定位，顺利地找到适合自己的实习酒店（岗位）。

SWOT分析法是一种广泛地应用于企业自身的竞争分析，以帮助企业在竞争中制定适合企业发展的竞争战略的方法。现在越来越多的人开始借鉴SWOT这一方法来认识自我。

SWOT为四个英文单词Strength（优势）、Weakness（劣势）、Opportunity（机会）、Threat（威胁）首个字母的组合。通过SWOT分析，可以更好地了解自己的优势与劣势，也能更好地针对自己的优势、劣势来确定方向，做好自己的定位，同时可以让自己更加明确地面向环境中的挑战与机遇，选择最有利于自己的机会。

SWOT分析是一种比较全面的分析工具，每个人都可以根据自己的条件和性格特征等来为自己做一个SWOT分析，以便更好地认识自己。详见表1。

表1　SWOT个人分析表

内部环境分析		内部环境分析	
		优势（S）	劣势（W）
		1	1
策略形成		2	2
		3	3
		4	4
外部环境分析		5	5
		……	……
外部环境分析	机会（O）	1	策略： 1. 2. 3. 4. 5. 6. ……
		2	
		3	
		4	
		5	
		……	
	威胁（T）	1	
		2	
		3	
		4	
		5	
		……	

三、全面了解实习酒店（岗位）

选择到适合自己的实习酒店（岗位），学生需要了解不同实习酒店（岗位）的相关信息。例如，酒店的基本情况，包括酒店的地理位置、主要业务、经营规模、员工数量等；酒店的历史、文化、价值观、经营管理风格等；酒店目前招聘的岗位、各岗位的工作内容及对应聘者的要求；酒店的实习报酬、食宿条件、福利待遇等。

学生要对一个酒店、一个岗位有真实的认知，往往需要多视角、多维度、多方面的了解。除了请教老师外，学生还可以通过以下途径了解实习酒店（岗位）的相关信息。

（一）学校的实习招聘信息平台

一般来说，学校会设置专门的实习招聘信息平台（实体或网络平台）。在学校的实习招聘信息平台上公布的信息都是经过学校审核、筛选过的，权威性高，学生应高度关注这个渠道的信息。

（二）学校的实习管理网站

有些学校建设有酒店管理实习网站，将之作为实习管理，学生进行实习体会、经验共享的交流平台。该平台一般会设置酒店评价、酒店对实习生的重视程度评价、入职培训情况、专业知识学习、实习经验分享等多个模块。酒店管理实习网站是一个从学生角度观察酒店、了解职场、分享体会的交流场所，学生可以登录了解相关酒店的情况。需要提醒的是，每个人因时间、地点、处境不同，对一件事情的评价往往具有较强的个人主观性，其评价应仅作为参考。

（三）实习酒店的官网和自媒体

学校实习招聘信息平台和实习管理网站上关于某个酒店的信息往往比较简约，不够详细。学生如果对某个特定酒店比较感兴趣，可以登录该酒店的官网，关注该酒店的微信公众号、微博等自媒体，进一步了解相关信息。

（四）主流OTA（Online Travel Agent，在线旅游代理商）网站

实习酒店在官网和自媒体上往往只发布正面信息，为了更客观全面地了解酒店的情况，学生还可以到携程网、去哪儿网、飞猪网等主流OTA网站，阅读客人对酒店的评价，从另一个角度来了解酒店。

（五）最佳东方、迈点等酒店门户网站

最佳东方网（www.veryeast.cn）是我国最大的旅游服务业招聘平台，在上面可以找到各大酒店的介绍和招聘信息。迈点网（www.meadin.com）是我国旅游及住宿业门户网站，上面有关于中国酒店业的各种最新资讯，论坛中有行业人士关于各个酒店及酒店各部门经营管理和工作体验的各种帖子。

（六）阅读本书第二、三、四章中的相关内容

本书第二、三、四章中有关于酒店各主要岗位的基本情况、实习目标、任职条件、岗位职责、工作内容与要求等方面的详细介绍，学生可以通过阅读相关章节，了解实习岗位。

（七）咨询在相关酒店实习过的学长学姐

一般来说，学校会和实习合作酒店保持长期的合作关系，学生想去的实习酒店往往都有学长学姐实习过，所以学生可以咨询在相关酒店实习过的学长学姐，了解相关酒店

的相关信息。但学长学姐对酒店的评价往往具有较强的个人主观色彩，学生应注意甄别，选择采用。

第三节　面试与求职

一、如何撰写求职简历

简历是求职的重要工具。一般来说，酒店会根据简历遴选入围面试的人员，结合简历进行面试，面试后参考简历确定录用人员。因此，一份优秀的简历，能帮助学生更好地找到适合自己的实习酒店和岗位。

高校学生没有复杂的工作经历，简历就相对简单一些，但麻雀虽小五脏俱全，作为一份完整的简历，应简单明了，突出重点和优势，让HR（Human Resource，人力资源管理）面试者能迅速了解以下四个方面的情况：你是什么样的人、你学过什么、你做过什么、你想做什么。

具体来说，在制作求职简历时，要注意以下内容。

（一）贯彻换位思考的原则

在制作简历时，要从酒店HR的角度去考虑问题，时刻提醒自己："假如我是酒店HR，我希望看到什么样的简历？"

（二）回答好四个问题

1. 我是什么样的人

要在简历上注明你的姓名、性别、年龄、身高、体重、学校、专业、班别、联系方式等基本信息，最好附上一张照片（一寸免冠证件照或五寸生活照）。如果是生活照，最好着正装、面带微笑、身姿挺拔、背景简洁、画面清晰明快，能体现出年轻人的蓬勃朝气和积极向上的精神面貌。基本信息要实话实说，不需要加工。

2. 我要申请什么酒店（岗位）

制作简历前要了解清楚哪些酒店来招聘、各个酒店提供哪些空缺岗位，在简历上明确求职意向。有些学生由于对自己求职目标不清晰或为了增加被录取的概率，在简历上随便写几个岗位或笼统地写上"服从酒店安排"，此类学生在被酒店录取后毁约的概率较大，会给自己和实习酒店造成不必要的损失。因此，在求职前一定要明确求职意向并在简历中注明。

3. 为什么说我适合这个酒店（岗位）

简单阐述你对这个酒店（岗位）的认识，说明申请这个酒店（岗位）的理由。根据求职意向来整理简历材料，在简历中突出与求职酒店（岗位）相关的信息，如你所学过的与求职意向相关的课程、与求职意向相关的特长、与求职意向相关的实践经历、所获得的相关奖励、性格适合求职意向等。

4. 未来我怎样为酒店作贡献

适当表达你入职后的工作设想和你可能为酒店作的贡献，这部分内容要语气诚恳、切合实际，忌虚假夸张，慎用没有具体意义的抒情语句，如"给我一个支点，我将撬起地球""给我一个机会，我会还你一个惊喜"等。

（三）简历要简洁明了

简历力求用最少的文字传递最多的信息，不需要花哨，因为忙碌的HR很少有时间来欣赏你的简历是否精美。所以，简历正文长度最好为1页A4纸，尽量不超过2页纸；排版应美观清晰、重点突出、易于阅读，杜绝错别字。如有获奖证书、社团聘书、实践证明、相关图片等重要支撑材料，可以作为附件附在简历的后面。简历如超过1页，应用订书针装订严实，不需要用过于花哨的方式过度装订（如配封底封面、用各种封套等），也不要仅用回形针夹，以防简历脱落散乱。

（四）为招聘酒店量身定制简历

可以针对招聘酒店的特点和要求，"量体裁衣"特制简历。比如，在简历适当的位置出现相关酒店的logo、经营理念，适当提到相关酒店近期的重大正面事件，使用相关酒店常用的版式、配色方案等，这样可以让酒店HR感觉到求职者的认真与诚意，提高应聘成功的概率。

（五）注重电子邮件礼仪

在以电子邮件的形式将简历发送给招聘方时，要注意以下邮件礼仪：

1. 邮件主题很重要

不要出现空白主题，要提纲挈领地用几个词简短概括出整个邮件的内容，让收件人可以一目了然地了解邮件内容。

2. 开头要恰当地称呼收件者并问好

如果知道对方的职务，应按职务尊称对方，如"×经理"；如果不清楚职务，则应按通常的"×先生""×小姐"称呼，但要把性别先搞清楚。问候语一般用"您好"即可，应在称呼后换行空两格再写。

3. 邮件的正文要简明扼要，行文通顺

因求职邮件一般是首次发送，对方并不认识自己，所以开头应先简单介绍自己，并表明写邮件的目的。正文行文应通顺，多用简单词汇和短句，准确清晰地表达，不要出现让人晦涩难懂的语句，不要啰唆，将意思表达到位即可。

4. 结尾致意与签名

结尾应该用"祝您顺利"或"此致敬礼"致意。"祝您"和"此致"为紧接上一行结尾或换行开头空两格，而"顺利"和"敬礼"为再换行顶格写。邮件的最后应有落款签名，可以在邮件软件（如OUTLOOK或QQ邮箱）中设置签名档。签名档应包括姓名、学校、专业、手机号、QQ、邮箱等信息，便于对方了解和联系自己。

5. 附件

一般将编辑好的求职简历以附件的形式发送（为了保证对方看到的简历格式和字体不会发生变化，最好发送PDF格式的简历）。在正文最后，应提示收件人查看附件。附件要用有意义的名字命名，方便收件人下载后管理，如"××学校××专业×××求职简历"。

6. 不要有错别字和语法错误

在邮件发送之前，务必自己再仔细阅读一遍，检查行文是否通顺，拼写是否有错误。

二、如何成功面试

（一）常见的面试内容

在面试中，招聘酒店通过观察、提问、交谈、测试等方式了解并判断求职者的修养、形象、气质、知识水平、表达能力、应变能力、心理素质、敬业精神等，目的是加深对求职者的考察。常见的面试内容包括以下几个方面：

1. 背景

主要考察求职者的个人情况，包括民族、性别、视力等自然状况；主要家庭成员及社会关系；文化程度、毕业院校、所学专业，接受过哪些培训，从事过哪些专业实践活动，参加过哪些社会活动等。

2. 知识与能力

主要考察求职者的知识层次、所学专业课程、学习成绩、语言能力（外语、普通话和方言）、计算机水平等；考察专业能力、实践能力、组织领导能力、口才、文笔等。

3. 情商

考察求职者的人生观、价值观、敬业精神、人际关系、适应能力、处理压力的能力和自我激励能力等。

4. 形象

考察求职者的身高、体重、外貌、体味、言谈和仪表等。

（二）常见的面试形式

面试的形式一般有单独面试和集体面试两种。单独面试是面试官每次只面试一位求职者，集体面试是面试官同时面试多位求职者。

（三）面试技巧

1. 面试前

（1）要充分了解招聘酒店的相关情况（具体可参见本章第二节第三部分"全面了解实习酒店/岗位"的相关内容），做到心中有数。

（2）了解面试常用问题（具体可参见下文"面试常见问题及应对策略"的相关内容），并适当提前演练，做到心里有底。

（3）按酒店员工标准整理仪表，打造干净利落的形象。提前几天修剪发型，如要将原来染得五颜六色的头发恢复成黑色。面试当天如有必要可洗个澡，男生刮胡子、女生化淡妆，着正装。

（4）提前到达面试现场。一般应至少提前10分钟到达面试现场，了解面试官的称呼，稳定情绪。在等候面试时要保持安静，将手机关机或置于静音状态。

（5）如面试前有推介会，应携带笔记本和笔，认真听讲并适当做笔记。

2. 面试时

（1）敲门。在轮到自己面试时，轻步走到面试室门口；稍稍稳定情绪，整理仪表；轻轻敲门，得到允许后方可进入面试室。

（2）开门关门。进入面试室时，开关门动作要轻，不要鲁莽；进门后不要用后手随手将门关上，应转过身去正对着门，用手轻轻将门合上。

（3）问候面试官。面试时第一印象颇为关键。进入面试室后，应两眼平视面试官，注意与面试官目光交流，并问候面试官。面试官说请坐时再入座。如面试官和你握手，要适当用力，表明自己的信心和热情。

（4）自然得体，重视沟通。在面试过程中，要自信、坦诚、适度、得体，保持端正的仪态，微笑贯穿始终，聚精会神，目光平视对方。在面试官讲话的过程中适时点头示意。

（5）注意倾听，确保理解面试官的问题。在面试官提出问题后，不要急于回答，可稍停三四秒钟，以便理清思路。回答问题时，吐字尽量清晰。集体面试时不要抢话，按面试官规定顺序依次回答；如面试官没有规定回答顺序，也应稍停片刻，理清思路，在确认没有人要回答的情况下，举手示意，得到面试官许可后再回答。

（6）坦诚回答问题。在被问到"希望到哪个岗位实习""是否服从酒店内部岗位调配"等问题时，有些学生为了增加被录用的概率，往往作出违心的回答。比如，本来内心里只希望到某个特定岗位实习，而不愿意到其他岗位实习，但为了给面试官留下好印象，表态说愿意服从酒店内部岗位调配，将希望寄托于最终能安排到自己心仪的岗位上，这样的学生到岗后往往问题会比较多。因此，当被问到类似敏感问题时，应保持实事求是的态度，心里怎么想，就怎么回答，要时刻记住，面试的目的不仅仅是为了被录用，而是在这个酒店顺利完成整个实习期并学有所成。如果这家酒店因为不能提供你想要的岗位而拒绝你，这对双方来说，都是一件好事。另外，如果被问到一些确实不了解的问题，可以对面试官坦诚相告，而不要胡乱作答。

（7）巧用形体。如果是坐在椅子上回答问题，身体可微向前倾，最好不要将胳膊放在桌子上，不要跷二郎腿，也不要双腿抖动；如果是站立回答问题，应双脚微微分开，与肩同宽，双手自然搭于身前，身体挺直，微微前倾；目光平视面试官。要避免出现不经意的小动作，如摸头发、摸鼻子、伸舌头、舔嘴唇、扯衣角等，这会让面试官对求职者的印象大打折扣，因为这些小动作反映了求职者的紧张情绪。

3.面试后

（1）面试结束后，应向面试官致意，再离开面试室，出门后要将门轻轻掩上。

（2）面试结束后往往需要等待一段时间才会有面试结果出来，这段时间短则一两天，长则一周，此时，应耐心等待，不要频频打电话给面试官咨询面试结果；如果等不及，可通过短信或邮件的方式咨询一次，要注意礼貌用语，因为此时面试官可能有许多工作要处理，不一定会回复，对此应有心理准备。

（3）面试结果出来后，如果自己被录用了，应慎重考虑，在规定的期限内给学校和酒店回复，决定是否与该酒店签约，一旦签约就不能毁约；如果自己没有被录用，要理智对待，不要纠结追问缘由，应及时调整心态，寻找新的实习单位。

（四）面试常见问题及应对策略

1.面试官最看重实习生的什么

面试官最看重的是态度。因为高校学生基本上是白纸一张，招聘酒店并不会对学生的实践经验、工作技巧等有过多的要求。一般来说，实习生入职后酒店都会安排各类针对性培训。因此，酒店面试官最看重的是应聘学生是否有阳光开朗的性格、积极向上的心态，是否愿意学习，可塑性是否强。

2. 面试时紧张怎么办

很多学生都是第一次参加应聘面试，面试时难免会感到紧张，此时，可适当放缓语速，理清思路，做一下深呼吸，或者自嘲一下，说出自己的真实感受，这些都可以在一定程度上缓解紧张心理。

3. 面试失败怎么办

首先要相信，一两次面试失败并不意味着己不如人，不要因此而全面否定自己，对自己失去信心，因为面试具有偶然性，面试官每天面试那么多求职者，每次面试的时间有限，难免有看走眼的时候，所以，面试失败后我们应该迅速收拾心情，调整心态，投入到下一次面试中去。但如果面试被多次拒绝，那我们就需要及时反省一下，看看自己是否准备不够充分、求职目标是否过高、自身是否还有需要提升的地方等，及时调整求职目标，努力补足自身短板。

4. 面试官一般会问哪些问题

（1）请介绍一下你自己。

面试时间一般都很有限，所以自我介绍时间不应太长，一般控制在1~2分钟。自我介绍不要简单复述简历上已有的内容，除了提一下自己的个人基本信息（如姓名、专业）外，应结合招聘酒店和拟申请岗位，介绍与之相关的个人特长、实践经历、获得的奖励等，重点突出积极的个性和做事的能力，阐明自己确实适合该酒店/岗位。自我介绍要真实合理、忌虚假夸张，用语尽量自然流畅，不要背诵朗读，可以写好稿子，背熟后脱稿讲述，最好事先与同学进行模拟练习。

（2）你为什么选择我们酒店？

这个问题其实是想了解你对酒店的认识，如果你事先已经详细了解该酒店的相关情况，就可以比较轻松地回答该问题。一般来说，可以简单说一说该酒店的历史、经营理念、重要荣誉，最后把自己的特长和该酒店的情况联系起来。回答此问题时不宜贬低其他酒店，也不要说"因为我的同学都想到贵酒店实习，所以我也想来"之类的话。

（3）你希望到哪个岗位实习？

在回答这个问题时，应坚定地说出自己的求职意愿，不要模棱两可；同时应简单阐述一下该岗位的职责、工作内容和任职要求，并把自己的特点和该岗位的要求结合起来，强调自己适合该岗位。

（4）你愿意服从酒店的内部岗位调配吗？

对于这个问题，应本着实事求是的态度，坦诚回答。如果你确实对实习岗位没有太明确的诉求，只是希望能够到该酒店实习，可以表示服从调配；如果你本身对实习岗位有很明确的要求，不希望被调配到其他岗位上去，也要礼貌而坚定地说出自己的观点，同时给出理由，不要因为害怕被拒绝而委曲求全。因为一旦表示愿意服从调配，被安排在你想去的岗位上的概率并不会太大，届时再反悔，就会给自己和酒店造成不必要的损失。毕竟，我们的目标不仅仅是通过面试，而是顺利完成实习期并学有所成。

（5）你觉得你的最大优点是什么？

在回答这个问题时不宜过分谦虚，说自己没有什么优点，也不宜夸大其词，把自己吹得天花乱坠，而应该结合拟申请岗位的要求，客观说明自己的优点，如沉着冷静、条理清楚、积极向上、乐于助人和关心他人、适应能力强、乐观幽默、有相关实践经历、担任过班干部等。最后可以加一句，综上所述，我相信我适合这份工作。

（6）说说你最大的缺点。

对于这个问题，酒店通常不希望听到应聘者直接回答缺点是什么，如果求职者说自己小心眼、懒散、邋遢、脾气大、工作效率低，酒店肯定不会录用你；也不要自作聪明地回答"我最大的缺点就是过于追求完美"。酒店喜欢求职者从自己的优点说起，中间加些小缺点，最后再把问题转回到优点上，突出优点的部分。酒店喜欢聪明的求职者。

（7）在完成某项工作时，你认为领导要求的方式不是最好的，自己还有更好的方法，你会怎么做？

年轻学生初入职场，锐气正盛，往往会对领导的要求不以为然，这个问题就是想要了解求职者的服从性和大局观。可以这么回答：原则上我会尊重和服从领导的工作安排，同时私底下找机会以请教的口吻，婉转地表达自己的看法，看领导是否能改变想法；如果领导没有采纳我的建议，我也同样会按照领导的要求认真地去完成工作。

（8）如果在工作中你发现很难和同事、上级相处，你会怎么办？

酒店是一个很讲究团队合作的地方，这个问题是想要考察求职者的团队合作精神和协调工作关系的能力。可以这么回答：我会服从领导的指挥，配合同事的工作，尽量和同事们处好关系；如果我们之间的关系出现问题，我会从自身找原因，仔细分析是不是自己工作做得不好让领导不满意、同事看不惯，还要看看是不是为人处世方面做得不够好，如果是这样的话我会努力改正；如果我找不到原因，我会找机会和同事沟通，请他们指出我的不足，有问题就及时改正；作为优秀的员工，应该时刻以大局为重，即使在一段时间内，领导和同事对我不理解，我也会做好本职工作，虚心向他们学习，我相信，他们会看见我的努力，总有一天会接纳我的。

（9）谈谈你的家庭。

酒店面试时询问家庭问题并不是非要知道求职者家庭的情况，酒店不喜欢探究个人隐私，而是要了解家庭背景对求职者的塑造和影响。酒店希望听到的重点是家庭对求职者的积极影响。酒店最喜欢听到的是：我很爱我的家庭；我的家庭一向很和睦，虽然我的父母亲都是普通人，但是从小，我就看到我父亲起早贪黑，每天努力工作，他的行为无形中培养了我认真负责的态度和勤劳的精神；我母亲为人善良，对人热情，特别乐于助人，在单位人缘很好，她的一言一行一直都在教我做人的道理。

（10）你有什么问题问我们吗？

这个问题看上去可有可无，其实很关键。酒店往往并不喜欢说"没有问题"的人，因为这表明了他没有自己的思考和主见；酒店往往也不喜欢求职者问实习待遇之类的问题，因为这些在招聘书或推介会上已经说明过了，而且实习的主要目的应该是学习，不宜主要关注这方面的问题。如果有人这样问：贵酒店对新入职的实习生有什么样的培训项目？在入职之前我应该做哪些方面的准备，才能更好地适应酒店工作？酒店将会很欢迎，因为这体现出你对学习的热情、上进心和对酒店的忠诚。

面试官在面试时可能会问各种各样的问题，但万变不离其宗，都是通过问答了解求职者的修养、形象、气质、知识水平、表达能力、应变能力、心理素质、敬业精神等，判断求职者与酒店/岗位是否匹配，从而决定是否录用。以上10个问题只是示例，仅供参考。求职者在面试时应根据自己和招聘单位的具体情况，本着相互尊重、坦诚交流、实事求是、围绕酒店/岗位要求、条理清晰的原则来认真回答面试官的问题。

第四节　　酒店实习准备

酒店实习使相关专业的学生首次走出家门与校门，独立面对社会，处理来自工作、生活、学习等方方面面的关系，需要承受许多原来没有承受过的压力。有些学生能够比较顺利地度过实习阶段，并获得较多的收获；而也有不少学生在实习阶段受到挫折，甚至最终影响到他们对本专业的认知与态度。学生能否顺利完成从学校到酒店、学生到员工、学习到工作的转变，其中最重要的影响因素就是心态的调整。

一、酒店实习的几个典型阶段

整个酒店实习期，从实习生的心态发展变化来看，可以分为四个阶段：新鲜期、郁闷期、堕落期和觉悟期。

（一）新鲜期

此阶段一般从入职报到开始，到入职培训结束。此时实习生刚刚到酒店报到，对一切都感到新鲜，实习生主要的活动是入职培训，一般是按行政班时间表进行，生活节奏和主要内容和学校类似，压力不大，实习生心情比较愉悦。

（二）郁闷期

此阶段一般从分配到岗开始，到能基本独立开展工作结束。在此阶段，实习生虽然一般有师傅带着，但仍然要正式面对工作的各种压力，此时的实习生一般都是承担一些琐碎的、不太重要的、重复性的脏活累活，很难从中获得满足感；而且，实习生会发现自己好像什么都不会，即使是这样的琐碎工作也做不好；因到岗不久，与同事还不熟悉，人际关系也还没有理顺；实习生在各种压力之下心情比较郁闷，抱怨较多，有些实习生甚至会怀疑自己的能力。

（三）堕落期

此阶段一般从能独立工作开始，至觉悟时结束。在此阶段，实习生已经具备独立工作的能力，能够熟练应对酒店的日常工作；与同事已经熟悉，建立起较为紧密的人际关系；对酒店各个方面都比较了解；工作、生活已无太多压力，每天重复同样的工作、生活内容，上班、下班、睡觉、逛街，不思进取，浑浑噩噩，忘记了来酒店实习的初心。

（四）觉悟期

有部分学生可能就在堕落期中结束实习，但也有部分学生会在日复一日的工作中突然醒悟，记起了来酒店实习的目的是学习，实习只是专业学习的一个特殊阶段，从此以后，利用酒店提供的各种方便，积极提升自己的服务技能、语言能力、观察学习管理方法等。

几乎所有的实习生都会经历新鲜期、郁闷期和堕落期；少数学生不能熬过郁闷期，因此而离开实习酒店，并可能永远不会再考虑从事酒店行业；有部分学生就在堕落期中结束整个实习，认为在酒店实习没有什么意义，从此对酒店行业产生逆反心理；也有部分学生进入觉悟期，他们最后的实习收获都很多，并且在毕业后继续在酒店行业工作的概率很高。

作为实习生，应该正确认识实习过程的心态变化，努力调整，尽量延长新鲜期，缩短郁闷期，跳过堕落期，尽快进入觉悟期。

二、酒店实习中可能面临的心理压力

心理学的研究发现：每个人在工作中或多或少都会有工作压力，绝大多数的学生在进入实习单位之前都会有紧张、焦虑的感觉，它产生于多方面的原因。首次进入职场的酒店实习生在初期可能会面临如下压力：

（一）现实工作环境的"压力感"

在校园，教室、寝室很近，各方面条件不错，整个校园环境都很熟悉。而在酒店实习时，实习酒店与住宿的地方可能距离比较远，住宿条件差，交通不方便，每天上下班通勤要花很多时间；工作环境没有原来想象的那么美好；再加上对新环境的陌生，这都会在刚开始时使实习生感到不知所措。

（二）失去依赖关系的"落空感"

在校园，同龄的学生们都有抒发情感的直率和同龄人情感的共鸣，老师也和蔼可亲，能让人依赖；而到了实习酒店，这种习惯性的"直率""共鸣"与"可依赖感"不复存在，面临的是一个暂时的心灵阻碍、无从依赖的环境。对于有意无意中已经习惯于依赖的学生而言，需要通过调节来缓解这种心理上的压力。

（三）不被重视的"自卑感"

在家里，每个孩子都是核心；在学校，每个学生都是宠儿。家长和老师都在努力呵护每个孩子的自尊。一旦走出校园，进入酒店工作，面临的将是资历丰富的领导和同事，他们在对待职场新人时往往不会像家长老师那样小心呵护。人际沟通能力比较差、性格内向的学生，这时容易由此生出"自卑感"。

（四）初尝世态炎凉的"孤独感"

随着同学、朋友的各奔东西，原来熟悉的人际交往圈逐渐消失。对于刚刚步入实习酒店的学生而言，或多或少都有一种孤独感。对于酒店的老员工而言，新人暂时是局外人，开始的一段时间内，实习生还不太可能从他们那里得到很多支持、鼓励及关怀。这时，实习生常常会产生一种被遗弃的感觉。

三、酒店实习生应该做好的心理准备

（一）做好转变的准备

大部分人在进入一个新环境时都面临着适应的问题，对于实习生而言，需要面临"学校到职场""学生到员工""学习到工作"的转换。实习生及早进行心理调适，可以尽快度过职业适应期。人的一生实际上就是一个不断适应的过程。当角色发生改变时，我们面对的首要问题就是学会适应，特别是进行积极而有效的心理调适，这样才能使我们在复杂的生活环境和工作环境中保持良好、健康的身心状态。请记住，从准备实习面试开始，你就不再仅仅是一个学生，而是要尽快地向职场人转变，所以要"戒掉"对他人的依赖性，要从心理上尽快成熟起来，并且尽可能在经济上也做到独立。

（二）做好吃苦的准备

在学校的生活和在酒店的生活状态是完全不一样的。大多数学生在学校的生活是"丰衣足食、无忧无虑"。有同学在实习后感叹说"在学校的生活就像是天堂"。在中国的校园里，大学生学习压力不大，有大量的课余时间可以自由安排。而酒店实习的特点是劳动强度大、劳动时间长、加班频率高。实习期间学生除了休息时间基本上都在工作。校园生活的舒适和酒店实习的辛苦形成了鲜明的对比，加之实习生的薪资待遇相对于正式员工而言较低，部分学生会认为自己的劳动付出和所得不成比例，从而产生不满情绪。

但是请大家记住，除了极少数幸运儿之外，每一个人在前行的路上，都会遇到困难和挫折，所以，不管你在实习之前的路走得多么一帆风顺，从这一刻起，都要做好吃苦的准备。

（三）做好合作的准备

俗话说："一个篱笆三个桩，一个好汉三个帮。"在任何时代、任何国家，团队合作精神都是取得成功必不可少的要素，在酒店行业更是如此。酒店的工作涉及方方面面，纷繁琐碎，需要各部门、各位员工精诚合作、相互配合才能完成。在实习中，可能会出现两种情况：一种情况是有些学生认为自己是大学生，自视甚高，看不起学历低的领导、同事，觉得自己在学校里学了这么多年，终于可以一展身手了，做事时不愿意听从领导和资深同事的意见，不能与同事很好地合作；另一种情况是部分学生在实习期间表现突出，无论是综合素质还是知识技能，让一部分工作消极、技术水平欠佳的在职员工感到了压力，这些员工害怕"教会徒弟，饿死师傅"，用各种方式排挤实习生。这两种情况我们在实习中都要尽量避免，在实习中保持低调、谦虚的姿态，团结能人干大事，团结好人干实事，团结小人不坏事。

（四）做好"做小事"的准备

作为酒店管理及相关专业的大学生，我们将来的职场目标肯定不止于做一个普通的基层员工，而是要成为酒店的中高层管理人员。因此，有些实习生总幻想着指点江山、挥斥方遒，要做轰轰烈烈的大事，而不耐烦于做日常的琐碎工作，觉得做这些小事情是杀鸡用了牛刀，委屈了自己。但是，任何事情都不可能一蹴而就，每个人的成功都是一步一个脚印走过来的。酒店行业有句老话："酒店无大事，件件是大事。"在酒店，想要做成大事，首先要把小事做好，把每件小事做好，大事也就做成了。因此，初入职场，请放弃那些一步登天的幻想，认认真真、仔仔细细、踏踏实实地做好每一件小事。

（五）做好坚持到底的准备

成功在于坚持，坚持到底就是胜利。任何成绩的取得、事业的成功，都源于人们不懈的努力和执着的探索追求。浅尝辄止、一曝十寒、朝三暮四，只能望着成功的彼岸感叹，只能两手空空，成功者往往是那些能够坚持到底的人。

在实习中，有部分学生意志不够坚定，遇到一些困难和挫折就想放弃，要么就想要调岗位换部门，要么就想要换实习酒店，甚至有些学生想着找各种理由逃避实习，躲回家里。但其实每一个酒店、每一个岗位、每一份工作都有它的不容易，如果没有直面困难、解决困难、坚持到底的决心，换到哪里工作都不会顺利。而如果我们能够坚定地面对困难，想办法解决，就会发现很多时候所谓的困难其实只是一只纸老虎。

在实习期间，需要学习的东西很多，包括工作能力的提升、人际关系的改善等；需要面对的东西也很多，包括生活的压力、职场的竞争等，但无论面对怎样的压力，都要坚持到底。因为人生是一次漫长的旅程，实习只是我们职场生涯的短暂演习，如果在短短的实习期都不能坚持到底，将来漫长职场人生路上的坎坷将会更加难以逾越。

四、酒店实习中的常见问题与处理办法

（一）被分配到了一个不喜欢的岗位上，怎么办

要尽量避免被分配到不喜欢的岗位上，这需要我们在应聘面试前做足功课，了解不同岗位的工作内容与职责要求，认识自己的特长、兴趣与志向，找到真正适合自己的岗位，并根据岗位要求努力准备，争取被录取到自己心仪的岗位上。

如果由于各种原因，被分配到了一个自己不喜欢的岗位上，可以通过正式的途径向酒店 HR 表明自己的意愿，申请调换岗位。在与 HR 沟通时，要注意礼貌礼节、语气用词，态度温和。

如果与 HR 沟通后，仍然没有办法调换岗位，要平静地接受现有的工作安排，因为：①酒店的每一个工作岗位都是平等的，没有高低贵贱之分，在哪个岗位实习都可以学到东西、了解酒店运作。②酒店在安排岗位时一般都会遵循"人岗匹配"的原则，避免造成人力资源的浪费。酒店之所以把你安排在这个岗位上，肯定是认为你目前比较适合这个岗位。③你目前不喜欢这个岗位，也许只是你对这个岗位不了解，等实习一段时间之

后，真正了解这个岗位，你的心态就会发生变化。④你未能被分配到喜欢的岗位上，也许是因为该岗位目前没有空缺，或是酒店认为你目前并不适合该岗位。因此，如果你真的很希望到喜欢的岗位，就可以利用工余时间再次深入了解该岗位的工作内容与任职条件，评估自己是否适合该岗位，努力提升自己的相关能力，等过一段时间，有机会再提出转岗申请。

（二）实习刚开始，领导安排的工作都很琐碎，怎么办

（1）要认识到，酒店本身就没有什么大事，基本上都是小事。但是，如果小事没做好，就会变成大事；把每一件小事都做好，最后就能成大事。

（2）领导不可能一开始就给没有任何工作经验的实习生安排重要的工作，每一个实习生都是从琐碎的小事做起的。

（3）无论你认为被安排的工作是多么的微不足道，其实都对酒店整体工作有着重大意义，都值得认真做好。

（4）只有把琐碎的小事做好了，才能得到领导的认可，才会有做大事的机会；否则，连小事都做不好，领导怎么会放心把重要的事情交给你呢？

（三）同学的岗位、待遇比我好，怎么办

（1）酒店的每一个岗位都是平等的，没有高低贵贱之分。

（2）酒店在录用人员时，往往遵循"人岗匹配"的原则，尽量避免人力资源的浪费，不同的同学分配到不同岗位上，只是工作的需要，也是客观的事实，没有好坏之分。

（3）在同一个酒店实习的同学，实习待遇一般都是相同的，不同的实习待遇往往出现在不同酒店之间。但是，不同的酒店由于地域、星级、要求不同，待遇其实并不具有可比性。

（4）实习的目的是学到知识，暂时的待遇区别不要太在意。

（5）总要和身边的人比较，是人生不幸福的最大缘由。

（四）想调换岗位，怎么办

（1）先要确认自己是否真的不喜欢、不适合现在的岗位。有些同学才到岗几天就嚷嚷着要换岗位，这是不成熟的表现。任何一个岗位，都要有一段时间的体验，才能真正了解到底适不适合自己，自己喜不喜欢。

（2）任何一个实习酒店都不可能无限次提供调换岗位的机会，一般在实习期间最多只能调换一次实习岗位。因此，在申请换岗时一定要慎重，找到确实适合自己的岗位，可以通过以下办法了解目标岗位的情况：①向在岗的员工了解；②申请利用工余时间到

该岗位上进行体验。

（3）把现在的工作做好，与现任领导处好关系。有些实习生一旦动了换岗的念头之后，对现有的本职工作就不再上心，工作敷衍了事，得过且过。其实，只有把现在岗位的本职工作做好，才有可能换岗，因为：①如果是跨部门调岗位，只有把本职工作做好，展现出你的态度、能力和水平，想调去的部门领导才会欢迎你；②如果是在本部门调岗位，只有把本职工作做好，领导才会认为你在别的岗位也可以表现得好。

（4）根据酒店换岗工作程序，与酒店 HR、现任领导、目标岗位的领导心平气和地沟通。沟通时，要注意礼貌礼节、语气措辞，同时注意不要贬低现任岗位。

（5）是否能成功调换岗位，要同时具备以下几个方面的条件：①目标岗位的部门领导认为你确实适合目标岗位的要求；②目标岗位目前有空缺；③现任部门领导同意放人；④ HR 同意换岗。因此并不是每次换岗申请都会成功，要做好心理准备。

（五）觉得很苦很累，难以坚持，怎么办

在实习期，尤其是实习初期，觉得苦和累是很正常的，因为大部分学生在实习前学习生活都相对舒适悠闲，劳动强度不大，一下子转入到紧张的职场工作中来，难免会有些吃不消。但是实习中的苦和累并不是不可以克服的，因为在同样的岗位上，还有其他同事也在从事同样的工作，他们都能够承受，作为一个身心健康的年轻人，没有理由不能完成同样的工作。

有部分实习生在实习初期，一想到即将要在酒店实习半年甚至一年，就觉得："天哪！要实习那么久，可怎么坚持得下去呀？"有两种方法可以克服这种心理障碍：①将目光放长远一些，要认识到，在这个世界上，绝大部分人在一生中都要工作至少 30~40 年，半年或一年的实习期与之相比，只不过是其中短短的一小段时间，根本不需要看得太重。②将整个实习期拆分成若干个小的阶段，设立若干个小目标。每个小阶段的跨度不要太长，小目标的难度不要太大，应该是自己努努力、咬咬牙、踮踮脚就可以实现的，然后将目光聚焦在目前的阶段和目标上，度过一个一个小阶段，实现一个一个小目标。这样可以有效地减轻心理压力，慢慢地就会发现实习越来越轻松。

（六）受到批评、责骂，怎么办

实习生作为职场新人，在工作中受到批评、责骂，而且这种批评和责骂可能会比以前在家中和学校中受到的批评和责骂更加严厉，这都是难免的，我们能做的就是：

（1）做好本职工作，与同事、领导处好关系，尽量减少被批评。

（2）一般来说，领导不会无缘无故地批评一个员工。如果受到批评，首先反思是否是自己做错了什么，如果自己确实有错，应虚心接受，认真改正，避免再犯类似的错误；

如果是领导误解了自己，切记不要当众顶撞，可在私下找领导委婉地解释原委。

（3）领导在批评时，往往还会指出正确的做法，但此时被批评的人往往陷入愤怒、委屈、伤心等状态，急于辩解而忽略了这些正面的建议；而一个明智的员工，可以在领导批评的语句中，捕捉到正面的建议，从而在批评中获得提升自我的机会。

（七）所有的人都针对我、排挤我，怎么办

有的实习生反映，感觉到周围的人都在针对自己、排挤自己，觉得很难继续待下去，要求换岗位或实习酒店。如果出现了这种情况，请记住一句话："如果有个别人排挤你，那有可能是他的错；但如果所有的人都排挤你，那八成是你自己的错。"所以，这时要做的，应该是深刻地反省，看看自己在哪些方面做得不够，需要改进，而不要急着换岗位或单位，因为如果自己的缺点没有改正的话，到哪里都是一样的。

（八）同事、上司的学历不如我，怎么办

在实习过程中，学生可能会发现身边的一些同事和领导学历不高，从而可能产生两个方面的想法：一方面可能会觉得自己学历比他们高，从而产生骄傲自满情绪，看不起同事和领导；另一方面则可能会觉得酒店工作好像并不需要高学历就能胜任，从而对自己的专业产生困惑。

其实，这两个方面的想法都是错误的，原因如下：

（1）由于历史的原因，以前我国酒店工作人员的学历水平确实不太高，但近几年，已经有越来越多高学历的人才加入到酒店行业中来，酒店行业的人才学历整体水平在不断提高。

（2）应该明白，学历不等于能力，酒店行业尤其注重实操能力和工作经验，所以，虽然有些老员工或领导的学历不高，但不代表着能力不强，尤其是领导，他之所以能担任领导职务，肯定有其过人之处。因此，实习生应该尊重身边每一位同事和领导，努力学习他们的长处，提高自己。

（3）虽然目前酒店行业中还有相当一部分员工的学历不高而成就不小，但这并不意味着酒店行业不需要高学历的人才。我们应该这么思考，学历不高的人都能在酒店行业取得不错的成就，那么，作为高学历的专业性人才，只要我们认真工作、努力学习，将来肯定能够在酒店中进步更快，取得更高的成就。

（九）感觉学不到东西，尤其学不到管理知识，怎么办

在实习期间，以工作为主，领导和同事更关心的是实习生是否完成了工作任务，培训也往往围绕着工作需要进行，因此，有些学生会感觉在实习中学不到东西，尤其是学不到管理知识。其实，在实习期间是可以学到很多东西的，只是学习方式和在学校不一

样而已。在实习中的学习模式主要是"干中学",学习方法可以归纳为"五多一少":

(1)多看。在实习酒店要多观察,可以观察实习酒店的地理环境、建筑布局、内部装潢、机构设置、管理制度、机器设备、用品用具、客源结构、顾客需求、经营方式、服务流程、同事做法等。

(2)多做。在实习期间要多做事,通过做事尽快提升自己的服务技能,达到由生到熟、熟能生巧、巧而能新。

(3)多问。在实习期间,有什么不懂、不会、不理解的地方,要尽可能地向同事、领导谦虚请教。一般来说,只要你愿意问、愿意学,领导和同事都会愿意教;但如果自己不请教,领导和同事往往也不会主动教。要注意请教的时机,一般在领导和同事相对空闲、心情相对愉悦的时候请教效果会比较好。

(4)多思考。在观察、做事、请教的基础上,要勤于思考,善于反思,形成自己的心得,将别人的东西真正转换为自己的收获。

(5)多记录。俗话说,好记性不如烂笔头,实习期间要形成定期写实习日志的习惯,及时将观察到的现象、做事的收获、自己的疑问、思考的心得与灵感记录下来,并及时整理,反复揣摩。

(6)少评论。实习生年轻气盛、思想活跃,往往会认为实习酒店某些方面做得不够好,喜欢对实习酒店和领导、同事评头论足,认为应该怎样怎样。但这种做法往往会引起领导和同事的反感,认为这个实习生过于轻浮,不够踏实,从而影响自己的学习和进步。所以如果你发现实习酒店在某个方面存在不足,不要急于评论,而是要告诫自己"存在即合理",静下心来想一想:为什么酒店允许这种情况存在?难道那么多领导和同事都看不到吗?是不是还有什么自己所不知道的原因?通过多方了解求证思考之后,如果你仍认为这是一个不足,并且有解决的方案,可以在适当的场合,以请教的方式将想法说出来,向领导和同事求证。

(十)实习期间有事要暂时离开实习酒店,怎么办

(1)应向所在部门领导、酒店 HR 和学校实习导师提交书面请假条,汇报事由和去向,留下紧急情况联系人号码。在得到以上三方的批准后,方可离开实习酒店。离开前应通报实习领队。

(2)请假期间要保持通信通畅,定期和实习酒店、学校保持联系。

(3)请假期满,应按时返回实习酒店销假,并向学校汇报。

(4)请假期间和往返交通途中要注意安全。

在酒店实习中可能会碰到各种各样的困难和问题,而且因人而异,本书不可能也没有必要将之一一列举。只要同学们在遇到困难和问题时能时刻提醒自己坚定实习目标，不忘初心，本着严于律己、宽以待人，多从自身查原因，少向他人找理由的原则；本着乐观向上、与人为善的心态，积极与领导同事沟通，努力工作学习，一定能够妥善解决各种困难，顺利度过实习期，学有所成。

五、实习规划

俗话说，凡事预则立，不预则废。要想顺利度过实习期，并在实习中有所收获，就必须认真做好实习规划。

实习规划应包含以下几方面的内容：

（一）了解实习酒店所在的城市

酒店所在城市是实习生将来一段时间内工作、学习、生活的主要区域，实习生应该了解它的相关情况，如地理及气候、生活习俗、经济状况、科技文化、旅游资源等，考虑如何适应该城市的工作生活节奏，如何充分利用该城市的各种资源来帮助提升自我。

（二）了解实习酒店与岗位

进一步掌握实习酒店的历史、文化、价值观、经营管理风格等相关资料；了解可能就职的岗位的工作内容及要求等，提前做好相关知识、技能储备。

关于了解实习酒店与岗位的方法，可以参考本章第二节"选择合适的实习酒店（岗位）"中的相关内容。

（三）剖析自我

结合实习酒店及岗位的要求，进一步剖析自己的性格、特长、兴趣爱好、缺点等，考虑如何在即将到来的实习中发挥所长，补足短板。

剖析自我的方法可参考本章第二节中的SWOT分析法。

（四）制定实习目标及完成计划

实习目标可以分为四类：工作目标、学习目标、研究目标和生活目标。

1. 工作目标

工作目标是指实习生在工作中达到什么样的目标。比如，多长时间适应从学校到职场的改变，从学生转换成酒店员工；多长时间实现从普通员工到优秀员工的转变；多长时间实现从优秀员工到管理者的转变等。

2. 学习目标

学习目标是指实习生如何利用好实习酒店的资源，完成一些在学校不太容易实现的学习目标。比如，如何利用酒店的资源提升服务技能，如何利用酒店的环境提升外语能力等。

3. 研究目标

研究目标是指实习生如何利用好实习酒店和所在城市的各方面资源，进行一些深入的专题研究，为返校后的进一步学习及将来的毕业设计（毕业论文）打下良好的基础。研究专题可以结合自己的特长、兴趣、将来的发展方向来选取。

4. 生活目标

生活目标是指实习生如何安排好实习期间的生活，为实习顺利进行提供良好的支撑。比如，如何融入一个新的集体、搞好人际关系，如何在工作学习之余安排好生活、娱乐、体育锻炼等。

在制定实习目标及完成计划时应遵循 SMART 原则，以确保实习规划切实可行。所谓 SMART 原则，是指：目标必须是具体的（Specific），不能笼统；目标必须是可衡量的（Measurable），即目标是数量化或行为化的，可以判断是否达到；目标必须是可实现的（Attainable），即目标在付出努力的情况下可以实现，要避免设立过高或过低的目标；目标与实习生即将要做的事情有一定的相关性（Relevant），如与实习相关、与将来的发展相关；目标必须有时限性（Time-bound），即目标的实现必须有明确的截止期限，不能无限延期。

实习目标的制定可参考本书第二、三、四章中的"实习任务"部分相关内容。

 本章推荐阅读

（一）专著

1. 汪中求.细节决定成败［M］.北京：新华出版社，2010.

2. 成君忆.孙悟空是个好员工［M］.北京：中信出版社，2008.

3. 李可.杜拉拉升职记［M］.西安：陕西师范大学出版社，2015.

4. ［法］博泽克工.雅高：一个酒店传奇的诞生［M］.贺艺娇，译.广州：广东旅游出版社，2015.

5. 严长寿.总裁狮子心［M］.长春：吉林摄影出版社，2002.

6. 蔡康永.蔡康永说话之道［M］.长沙：湖南文艺出版社，2014.

7. 吴淡如.吴淡如超人气说话术［M］.北京：中央广播电视大学出版社，2009.

（二）期刊

1. 亚太国际资讯集团：中外酒店

2. 酒店职业经理人杂志社：酒店职业经理人

3. 金陵旅馆管理干部学院：中国酒店

4. 中国旅游饭店业协会：酒店精品

（三）网站

1. 最佳东方网（www.veryeast.com）

2. 迈点网（www.meadin.com）

（四）自媒体

1. 博客：李开复的博客（blog.sina.com.cn/kaifulee）

2. 微信公众号：酒店高参、中国旅游饭店业协会

第二章 酒店房务实习指导

第一节　酒店前台实习指导书

一、岗位基本情况介绍

前厅部是酒店的"神经中枢",是酒店业务活动的中心和形象代表,是酒店创造经济收入的关键部门和主要运作部门。前台是前厅部最重要的业务岗位,通过前台一系列的业务程序和服务环节,使客人顺利抵离酒店,并在住店过程中享受酒店提供的高效优质服务。

前台是学生校外顶岗实习的主要岗位之一,其主要业务包含入住接待、问讯、收银等。

二、岗位实习目标

学生通过顶岗实习,了解酒店前台服务与管理的相关知识,了解前台的组织结构、岗位职责、功能及业务范围,掌握客房推销、散客接待、团队接待、问讯、收银、外币兑换、贵重物品寄存等主要业务流程和工作内容,掌握每日客房营业收入报表的制作;树立酒店服务理念,积累经验,学会触类旁通,提升解决酒店前台运作中出现的问题及突发事件的能力。

三、岗位任职条件

(1)仪容仪表端庄得体,和蔼、热情、谦逊,表情自然大方,身体健康。

(2)性格开朗,善于交际;品德良好,为人正派、诚实;责任心强;有较强的自我情绪调节能力。

（3）有较强的语言能力和应变能力，英语口语流利，反应敏捷，有较强的处理突发事件的能力。

（4）掌握前台操作技能，能够熟练、准确地按照操作程序完成本职工作，为宾客提供满意周到的服务。

四、岗位职责

（1）接待前来投宿的宾客，适时推销客房。

（2）办理入住登记手续和离店手续。

（3）及时更新、控制房态。

（4）回答宾客问讯。

（5）准确掌握客人的动态，并确保资料准确。

（6）为宾客办理换房、外币兑换、贵重物品寄存等服务。

（7）协调酒店各部门对客服务工作。

（8）制作酒店相关营业报表。

五、岗位工作内容与要求

（一）客房推销技巧

（1）保持良好的仪容仪表，精神饱满、优雅、热情、礼貌、大方。

（2）认真观察，掌握和了解客人心理，根据客人的需求推销客房。

（3）熟悉本酒店的基本情况及特点，包括地理位置，装修风格，房间数量、类型、设备情况等信息。

（4）控制客房状态，确保资料准确。

（5）了解和掌握竞争对手酒店的产品情况，熟悉本地区的旅游项目和服务设施。

（6）选择适当的报价方式，遵循从高到低的报价原则，尽量推销高价房。

（二）散客入住接待程序

1. 客人到店前的准备工作

（1）掌握信息：房态和可供出租客房情况、预抵店客人名单、预抵店重要客人名单、客人的特殊要求、宾客客史档案等。

（2）做好分房预分方案。

（3）检查待出售房间状况。

（4）准备入住资料。

2.客人到店，查看客人有无订房

（1）客人抵店时，表示欢迎，询问客人有无订房。

（2）有订房，问清订房人姓名，确认订房内容及离店时间。

（3）没有订房，查看房态表，有房间，安排入住；无房间，婉谢客人，介绍相近酒店。

3.分配房间、确定房价及付款方式

（1）对有预订的客人，根据预订需求提前分配房间。

（2）对自来散客，推销客房，根据客人需求、入住天数等客人信息和房间状态为客人分配房间，确认房价。

（3）确认付款方式。

4.入住登记

（1）对有预订的客人，完善客人入住登记信息，并请客人签名确认。

（2）对无预订的客人，录入客人入住登记信息，并请客人签名确认。

（3）核对、扫描有关证件。

5.发放欢迎卡及解释相关事宜

（1）提醒客人贵重物品寄存及退房时间。

（2）询问客人是否需要行李员帮助。

（3）告知客人电梯位置并祝住店愉快。

6.信息储存

（1）将所有信息输入电脑。

（2）检查信息正确性，并输入客人档案中。

（3）登记卡放进客人档案中以便随时查询。

（三）团队接待程序

1.客人抵店前的准备工作

把预分房表、房卡与电脑记录再次核对一下，保证所分房间为可售房。

2.抵店接待

（1）团队抵店时主动与领队或陪同联系，核对如下信息：预订房间数量、类型、人数、订餐、离店时间。

（2）若有变更，马上在分房表上作出修改。

①如要增加房间，就付款等事宜联系销售部，协商解决。

②如要减少房间，应通知销售部确定收费标准。

③如要增加陪同房，应按相关规定办理。

④向导游或领队索取团队名单（包括姓名、证件号、证件种类等）。

3. 入住登记

（1）请导游或领队出示团队相关资料。

（2）确认团队名单的完整性。

4. 确认信息

（1）与导游或领队确认付款方式：若现付，请导游或领队预付押金；若挂账，请导游或领队签字确认。

（2）与导游或领队确认：第二天早餐时间、叫醒时间、联系电话。

（3）请导游或领队确认后在"团队接待资料"上签名。

（4）通知导游或领队团队用餐地点。

（5）通知行李员引领客人进入客房。

5. 资料储存

（1）将团队资料输入电脑。

（2）将团队接待资料放回指定位置。

（四）散客退房结账程序

（1）主动问好，收房卡和现金押金单，确认客人房号、姓名，并请客人稍等。

（2）询问客人入住体验，是否消费房内 mini-bar 或其他物品，如有消费，输入电脑。

（3）打开电脑相应房号，在电脑上发出退房通知，取出客人入住资料和所有消费单。

（4）打印账单请客人签字确认。

（5）询问客人付款方式，需确保是酒店受理的方式：

①如客人是用现金作押金的，则要收回客人押金单与电脑资料核对，多退少补。

②如果客人用信用卡结账，经辨认卡种，确定有效期无误后应按信用卡操作规定操作。

③如客人挂账公司结算，所有费用由公司付，向客人道别，将房间作退房处理；将客人入住登记表、挂账证明、客人消费清单投给应收主管；如果公司只付房费，其他费用由客人自理，帮客人结算杂费消费、打印自付消费的账单，请客人签名确认，房费按前面程序操作。

（6）与客人告别。

（7）下班前整理本人本班次的客人账务信息，核对无误后将相关资料投入财务部相应部门。

（五）团队退房结账程序

（1）团队离店前一天准备好团队总账单；

（2）提前一天落实团队叫早时间、出行李时间、退房时间；

（3）在团队离店前，及时与领队联系，随时沟通团队付账情况，结清团队成员的个人消费；

（4）客人交还房卡时在电脑上发出退房通知；

（5）请领队核对团队总账单并签字确认；

（6）与客人告别，将账单按规定要求归档。

（六）问讯服务程序

1. 熟知信息并掌握查询方法

（1）酒店内部信息：本酒店简介、各营业场所时间表、各部门电话表、酒店特色餐饮及菜肴等。

（2）酒店外部信息：本城市旅游指南、航班时刻表、高铁与动车时刻表等。

（3）随时收集客人感兴趣的及经常询问的知识、电话号码。

（4）及时更新以上信息。

2. 礼貌回答客人问询

（1）热情问候客人，语言应温和而清晰。

（2）仔细聆听客人的询问请求，弄清对方意图。

（3）耐心解答客人的询问。

（4）确保客人明白，如有必要重新讲述一遍。

（5）若无法沟通，应尽力去找一位能说和听懂客人语言的人来解答客人的问题。

（6）若有人询问住店客人的信息，要礼貌地问清对方姓名和公司名称，根据住客意见回复问询者。

（七）外币兑换程序

（1）主动礼貌迎接客人。

（2）询问客人房号，请客人出示证件，核对客人身份及证件有效期。

（3）询问其所持外币种类，辨别是否属于饭店的收兑范围。

（4）报出当日的外币兑换汇率，问清客人兑换的金额。

（5）唱收客人的外币现钞，严格执行"复点制"。

（6）根据当天汇率，计算兑换金额，并告知客人。

（7）打印一式三联的"外币兑换水单"，内容包括：客人姓名、护照号码、房号、日期、时间、币种、国籍及兑换数额，请客人在"外币兑换水单"上签名确认。

（8）将应付给客人的人民币和"外币兑换水单"客人联交给客人。

（9）将外币和其余两联"外币兑换水单"存放在一起。

（八）贵重物品寄存程序

（1）主动迎接问候客人，问清客人姓名、房号。

（2）向客人介绍贵重物品保管方法和注意事项，请客人填写一式两联的安全保管记录卡，第一联留存，第二联给客人。

（3）核对电脑上的房号与客人填写的信息是否一致。

（4）审查单据、物品件数与签字是否准确。当着客人的面将物品存放于保险柜中，特别贵重的物品将保险柜的抽屉取出请客人自行存放；将保险柜锁好，将两把钥匙中的一把交给客人。

（5）客人来领取保管的物品时，请客人出示记录卡并签字，经审核签字准确无误后，与客人共同拿出钥匙，同时开启保险柜；将物品拿给客人，特别贵重的物品将保险柜的抽屉取出请客人自取物品。

（6）若客人终止保管，将物品全部取走，必须收回第二联记录卡和客人钥匙，并请客人在终止栏内注明日期、姓名，以免除麻烦。

（7）若客人丢失钥匙，迅速通知大堂副理、保安部、工程部有关人员，四方在场，由工程部人员强行钻开保险柜，请客人取走所有物品。其钥匙丢失和修理费用按酒店规定向客人收取，做好记录，以备查核。

（九）控制客房状态的方法和技巧

（1）了解当天预到客人用房数量及抵店时间。

（2）了解当天退房数量及退房时间。

（3）了解未来一段时间 VIP 客人、散客、团队客人的预订情况。

（4）随时查看客房状况汇总表，了解当前房态和可供出租客房情况。

（5）每天 11：00、15：00、21：00 三次核对房间差异情况，保证客房状态的准确性。

（6）当住房率达到一定比例时，应严格控制销售折扣房；根据前厅部经理、房务总监、销售总监或收益总监的决策，使客房收益最大化。

（十）客人投诉处理程序

1. 接到客人投诉

（1）保持冷静态度，认真聆听客人的投诉内容。

（2）安抚客人，无论是否错在酒店，首先向客人表示同情和歉意。

2. 解决客人投诉

（1）弄清事实，认真做好记录。

（2）把将要采取的措施和所需时间告诉客人并征得客人的同意。

（3）采取行动，为客人解决问题。

3. 将处理结果通知客人

（1）处理完毕后，及时将处理结果通知客人，以表示酒店对客人的重视。

（2）感谢客人投诉。

4. 将客人投诉及处理结果记录存档

六、实习任务

（一）岗位适应阶段（实习到岗后3个月内）

（1）建立融洽的同事关系；

（2）了解实习酒店前厅部的组织结构及人员配备情况；

（3）了解实习酒店前台在前厅部的地位、作用及业务范围；

（4）熟悉前台的工作流程、标准；

（5）熟悉酒店管理软件系统。

（二）业务提升阶段（实习到岗后3个月至实习结束前1~3个月）

（1）熟练运用酒店管理软件系统；

（2）掌握前台服务技巧；

（3）掌握客房推销技巧；

（4）了解前厅部相关岗位的工作流程、标准；

（5）了解前台排班方法和依据。

（三）能力拓展阶段（实习期结束前1~3个月）

（1）了解和掌握房态的控制；

（2）掌握前厅部常用报表的制作和分析方法；

（3）了解前台领班、主管的工作内容及业务流程；

（4）了解前厅部经理的岗位职责与工作内容；

（5）总结本部门工作中做得好的方面和存在的问题，并提出改进建议；

（6）收集整理本部门工作中出现的两个典型案例，并运用所学知识进行分析。

七、管理能力训练

根据实习情况，企业实习导师定期组织学生对前台运行中出现的典型案例进行深层次的分析和讨论，使理论与实践有机地结合起来，促进学生管理能力的提升。

八、推荐阅读

（一）专著

1. 王玉.前厅部实训教程［M］.西安：西安交通大学出版社，2011.
2. ［美］Margaret M.Kappa，Aleta Nitschke，等.饭店前厅管理［M］.潘之东，主译.北京：中国旅游出版社，2002.
3. 滕玮峰.酒店前厅实训［M］.南京：南京师范大学出版社，2012.
4. 唐飞，袁敏.前厅与客房管理［M］.北京：中国旅游出版社，2016.
5. 邓兰珍，朱朦朦.前厅服务［M］.广州：暨南大学出版社，2014.

（二）期刊

1. 桂林旅游学院：旅游论坛
2. 上海社会科学院旅游研究中心：饭店世界

（三）报纸

中国旅游报

（四）网站

1. 最佳东方网（www.veryeast.cn）
2. 中国酒店网（www.ch-ra.com）
3. 中国旅游酒店网（www.ctha.org.com）

（五）自媒体

微信公众号：酒店人指南、私人管家、酒店评论、酒店高参、酒店精英孵化器

第二节　酒店礼宾实习指导书

一、岗位基本情况介绍

礼宾部隶属前厅部，是前厅服务的窗口和门面、酒店与外界互动沟通的桥梁，是给宾客形成良好的第一印象和最后印象的重要部门。良好的礼宾服务对树立酒店的声誉与形象起到不可忽视的作用。

礼宾部是学生校外顶岗实习的主要岗位之一，其主要业务内容有：机场接送、行李服务、委托代办、物品寄存与转交、酒店及市内信息咨询、提供交通服务等。

二、岗位实习目标

学生通过顶岗实习，了解酒店礼宾服务与管理的相关知识，了解礼宾的组织结构、岗位职责、功能及业务范围；熟悉礼宾部的运作方式，胜任礼宾部一线岗位工作；熟悉礼宾部基层管理岗位的工作内容；树立酒店服务理念，积累经验，学会触类旁通，提升解决酒店礼宾运作中出现的问题及突发事件的能力。

三、岗位任职条件

（1）仪容仪表端庄得体，和蔼、热情、谦逊，表情自然大方，身体健康。

（2）性格开朗，善于交际；品德良好，为人正派、诚实；责任心强；有较强的自我情绪调节能力。

（3）有较强的语言能力和应变能力，英语口语流利，反应敏捷，有较强的处理突发事件的能力。

（4）掌握礼宾操作技能，能够熟练、准确地按照操作程序完成本职工作，为宾客提供满意周到的服务。

四、岗位职责

（1）迎送客人，提供拉门服务。

（2）为抵离店宾客提供行李服务。

（3）受理客人行李寄存及领取，并做好存取记录。

（4）为客人提供委托代办服务。

（5）保持行李房和行李车的清洁。

（6）维护出入车辆秩序，保持门前车道畅通。

（7）准确回答客人的询问，主动做好服务工作。

（8）协助大堂副理维持大堂秩序，控制大堂内外灯光。

（9）积极参与酒店和部门组织的各项活动，完成上级交给的各项工作。

五、岗位工作内容与要求

（一）机场和车站迎接服务

1. 迎接客人前的准备

（1）备齐所接客人的接站牌、接机牌等接站资料，保持通信畅通。

（2）提前核实客人乘坐的车次或航班及抵达时间，在客人抵达前到车站或机场迎接。

2. 迎接客人

（1）站在出站口两旁显眼处，手举接站牌面带微笑迎候客人，以便客人寻找。

（2）接到客人后，核准客人的资料。

（3）帮助客人提拿行李，引领客人上车。

（4）替客人放好行李，向客人核实行李数量。

（5）与酒店取得联系，估计返程所需时间，以便做好接待安排。

（6）回酒店途中，应与客人有适当的交流，向客人介绍酒店和本城市的相关信息。

（7）抵达酒店后，协助清点客人行李，并引领客人到前台办理入住登记手续。

（8）对 VIP 客人的迎接，按酒店 VIP 接待程序进行。

3. 漏接客人的跟办

（1）航班或列车到达、客人已全部出闸后，仍未能接到客人，应尝试寻找并联络客人。

（2）通知礼宾部及相关部门，报告漏接客人的姓名及相关资料，随时留意客人自行到店的动向。

（3）对漏接的客人，应做好相关记录。

（4）客人自行抵店后，大堂副理及时问候客人、了解情况，并向客人致歉。

（二）散客行李服务

1. 散客入店行李服务

（1）行李员主动向客人表示欢迎。

（2）与客人核对行李件数并检查行李有无破损。

（3）轻拿轻放客人行李，注意行李的堆放，保证行李完好无损。

（4）引领客人至总台办理入住登记手续，在客人侧后方等候客人。

（5）客人办完入住登记手续后，引领客人至客房。

（6）引领客人到房间途中，应热情主动与客人交流，向客人介绍酒店服务项目和设施，推荐酒店的商品。

（7）乘电梯时，先请客人进出电梯，并用右手挡住电梯，以免客人被电梯夹住，同时方便按楼层键。

（8）按规定程序敲门进入房间。

（9）将行李放在行李架上或按客人吩咐放好，并与客人确认行李件数。

（10）介绍房内设施及使用方法。

（11）确认客人无其他需求后，向客人告别，离开房间。

（12）迅速回到礼宾部柜台，做好相应记录。

2. 散客离店行李服务

（1）根据客人要求，提前10分钟到达客房收取客人行李。

（2）核对行李件数，将客人的行李运送至大堂，等候客人前来退房。

（3）VIP离店行李服务应提前一天核准相关信息。

（4）发现客人自行携带行李退房情况，应主动上前提供行李服务。

（5）客人办理完离店手续后，协助客人将行李装上车。

（6）按规范向客人告别。

（7）完成散客离店行李搬运记录。

（三）团队行李服务

1. 团队入店行李服务

（1）团队行李到店时，与行李押送人员清点行李件数、检查行李的破损情况，并做好登记，双方签字认可。

（2）将破损情况及时通知团队陪同及领队以便后续跟进解决。

（3）行李运进行李房后码放整齐，拴上行李牌，等待分房表；如等待时间长，需用行李网把行李罩住。

（4）接到分房表后，准确地查出住客的房间号码，写在行李牌上，以便分送到客人的房间。

（5）使用员工电梯迅速把客人的行李送到房间，确保无损、无误。

（6）发现行李差错或件数不够情况，立即报告大堂副理，帮助客人查找。

（7）做好行李入房记录。

（8）按照团队行李进出店单上的时间存档。

2. 团队离店行李服务

（1）接到团队行李离店通知后，将团队号码和出行李的准确时间记录在案，制作团队离店行李表，并与抵店时的行李表进行核对。

（2）依照团号、团名及房间号码到楼层收取行李，与客人确认行李件数。如客人不在房间，又未将行李放在房间外时，及时报告领班解决。

（3）集中行李。将所有行李运到行李部，与陪同一起检查无误后，在行李进出店登记单上签字，用行李网将所有行李罩上，将表别在行李网上。

（4）装车。运送行李的车到达之后，协助押运员将行李装上车，并由押运员清点行李件数，在行李进出店登记单上签字，写上车号。

（5）最后由领班将填写齐全的行李进出店登记单存档。

（四）客人换房行李服务

（1）接到前台换房通知，问清客人房间号码，并确认客人是否在房间。

（2）按程序敲门进房。

（3）请客人清点要搬的行李及其他物品，将行李小心地装上行李车。

（4）进入新房间后，帮助客人把行李重新放好。

（5）收回客人的原房卡，将新房卡交给客人。

（6）询问客人无其他服务要求后，向客人道别，离开房间。

（7）将客人的原房卡交回前台。

（五）客人行李的寄存

（1）请客人填写寄存卡，并签名。

（2）检查行李。客人寄存行李的同时，行李员要认真检查每件行李是否已上锁，是否有破损，并告知客人寄存行李内不能放入贵重物品或易燃、易爆、化学腐蚀剂、剧毒品、枪支弹药等。

（3）将寄存卡的提取联交给客人，提醒客人注意保存；寄存联系在客人行李上，并做好登记。

（4）寄存的行李应有序码放，妥善保存。

（5）客人领取行李时，请客人出示行李提取联，核对客人身份后，当面将行李清点后交给客人，同时把寄存卡提取联、寄存联订在一起存档。

①如客人丢失寄存卡，行李员一定要凭借足以证实客人身份的证件发放行李，并要求客人写下行李已取的证明。

②如不是客人本人来领取行李，一定要请领取人出示行李提取联及有效证件，登记证件号码后，方可予以领取行李。

③如果客人要求寄存行李 24 小时以上，行李员应填写长期寄存卡及长期寄存登记册，并将长期寄存的行李与短期寄存的行李分开放置；客人提取时，请其在登记册上签字确认。对于长期无人领取的行李，应报告部门经理。

（6）行李员在为客人办理行李寄存和提取业务时，一定要按规定的手续进行，绝不可因为与客人"熟"而省略必要的行李寄存手续，以免引起不必要的纠纷，或为客人造成损失和带来不必要的麻烦。

（六）委托代办服务

（1）接到客人的代办要求时，礼貌地询问清楚代办的内容，向客人说明代办物品不应是国家规定的违禁物品、高危物品及处方药品。

（2）向客人说明需收取一定的服务费和交通费，并向客人收取充足的预付款。

（3）在"委托代办书"上记录客人的房号、姓名、委托内容、联系方式等相关信息并请客人签字确认。

（4）由礼宾部安排人员外出办理。

（5）替客人购买物品或代办业务时，应索取正式发票。

（6）员工办完事情后应立即返回酒店，不允许在外逗留处理私人事情。

（7）如没有购买到客人需要的物品，不可自作主张帮客人购买相似物品，应联系客人征求意见。

（8）返回酒店后立即联系客人，告诉客人委托代办完成情况，并将发票和找零交给客人，开具"杂项收费单"并请客人签字确认，将客户联交与客人。

（9）将已签字确认的"杂项收费单"交总台入账。

（10）将"委托代办书"和"杂项收费单"其中一联订在一起，放入委托代办记录本里存档。

六、实习任务

（一）岗位适应阶段（实习到岗后3个月内）

（1）建立融洽的同事关系；

（2）了解实习酒店礼宾部的组织结构及人员配备情况；

（3）了解实习酒店礼宾部在前厅部的地位、作用及业务范围；

（4）熟悉礼宾的工作流程、标准；

（5）熟练运用酒店管理软件系统中与礼宾部业务有关的模块。

（二）业务提升阶段（实习到岗后3个月至实习结束前1~3个月）

（1）掌握礼宾服务技巧；

（2）掌握酒店服务和设施推销技巧；

（3）了解与礼宾部工作密切相关的其他岗位，如前台、总机、商务中心等的工作流程、标准；

（4）了解礼宾部排班依据。

（三）能力拓展阶段（实习期结束前1~3月）

（1）掌握礼宾部常用报表的制作和分析方法；

（2）了解礼宾领班、主管的工作内容及业务流程；

（3）了解前厅部经理的岗位职责与工作内容；

（4）总结本部门工作中做得好的方面和存在的问题，并提出改进建议；

（5）收集整理本部门工作中出现的两个典型案例，并运用所学知识进行分析。

七、管理能力训练

根据实习情况，企业实习导师定期组织学生对礼宾部运行中出现的典型案例进行深层次的分析和讨论，使理论与实践有机地结合起来，促进学生管理能力的提升。

八、推荐阅读

（一）专著

1. 王玉.前厅部实训教程［M］.西安：西安交通大学出版社，2011.
2. ［美］Margaret M. Kappa，Aleta Nitschke，等.饭店前厅管理［M］.潘之东，主译.北京：中国旅游出版社，2002.
3. 滕玮峰.酒店前厅实训［M］.南京：南京师范大学出版社，2012.
4. 唐飞，袁敏.前厅与客房管理［M］.北京：中国旅游出版社，2016.
5. 邓兰珍，朱朦朦.前厅服务［M］.广州：暨南大学出版社，2014.

（二）期刊

1. 桂林旅游学院：旅游论坛
2. 上海社会科学院旅游研究中心：饭店世界

（三）报纸

中国旅游报

（四）网站

1. 最佳东方网（www.veryeast.cn）
2. 中国酒店网（www.ch-ra.com）
3. 中国旅游酒店网（www.ctha.org.com）

（五）自媒体

微信公众号：酒店人指南、私人管家、酒店评论、酒店高参、酒店精英孵化器

第三节 酒店总机实习指导书

一、岗位基本情况介绍

总机是以电话为媒介为客人提供各种话务服务的岗位。作为酒店对内对外联络的通信枢纽,总机起到与客人交流信息、沟通感情的桥梁作用。总机是前厅部重要的业务岗位,也是学生校外顶岗实习的主要岗位之一。

总机的主要业务包含接听接转电话、回答问询、留言、叫醒等。

二、岗位实习目标

学生通过顶岗实习,了解酒店总机服务与管理的相关知识,了解总机岗位职责、功能及业务范围,掌握接转电话、问询服务、留言服务、叫醒服务等主要业务流程和工作内容,熟悉电话交换机、相关酒店计算机系统、网络系统等系统和设备的操作,提升语言与沟通艺术、电话接转及各项服务的技巧,培养处理解决问题的能力以及敬业精神、良好的工作态度和职业素养。

三、岗位任职条件

(1)品德良好,为人正派、诚实,责任心强,精力充沛,身心健康,有较强的自我情绪调节能力。

(2)性格开朗,和蔼、热情,具有较好的服务意识和敬业精神。

(3)有较强的语言能力,口齿清晰,声音柔和,普通话标准流利,英语听说流利,最好能用第二外语做一般应答。

(4)反应敏捷,具有较强的应变能力和处理突发事件的能力。

(5)掌握总机各项操作技能,能够熟练、准确地按规范要求完成本职工作,为宾客提供专业高效、满意周到的服务。

四、岗位职责

(1)接转酒店内外线电话、挂接国际国内长途电话。

（2）提供电话咨询服务。

（3）提供叫醒服务、免电话打扰服务和留言服务。

（4）作为酒店快捷服务中心，为客人提供订房订餐等快捷服务。

（5）熟记常用电话及酒店的所有内线电话号码。

（6）掌握住宿客人资料、酒店的服务项目。

（7）掌握电话交换机、网络系统等设备和系统的功能、操作及注意事项。

（8）熟悉各种酒店计算机系统的操作。

（9）严格遵守保密规定。

（10）负责酒店日常音响运用及应急广播服务。

（11）熟记酒店紧急状态（火警、客人电梯被困、炸弹威胁等）的处理程序和规则。

（12）做好日常电话设备、耳机、打印机等设备的维护保养工作。

（13）与电信机构保持业务联系，以确保电话业务的正常运转。

（14）做好工作记录。

（15）认真及时完成上级交办的工作任务，接受管理者的工作指导。

（16）积极参加各级、各类培训，不断提高服务水准。

五、岗位工作内容与要求

（一）熟记各种资料

（1）熟记电话号码：常用号码、酒店各部门电话号码；熟悉电脑中储存电话号码的查询操作。

（2）掌握酒店服务信息：服务项目、地点、服务时间、收费标准、最新的住客资料等信息。

（3）了解当地旅游景点、娱乐休闲、商务服务、交通等基本情况，熟悉电脑中储存该类信息的查询操作。

（4）了解本酒店的组织机构、各部门职责范围，熟悉酒店主要负责人、各部门总监、经理的姓名、声音。

（二）电话转接服务

（1）接听速度要求：电话铃响三声之内。

（2）规范用语：用礼貌语言（英语及普通话）向客人问好。

（3）尽可能称呼客人姓名。

（4）接转电话顺序：先外线、后住店客人、最后为酒店内部电话。

（5）对无人接听的电话、占线的电话，要向客人表示歉意，并向客人说明原因。

（6）对要求接到客房的电话，需问清客人的姓名、房号，核对无误后方可接线。

（7）对不知道住店客人房号但要求转接的，需先征得住店客人同意后方可转接，否则予以委婉回绝。

（8）对无人接听的电话应及时向客人说明，请客人稍后再拨或留言。

（三）挂接国际（IDD：International Direct Dial）、国内（DDD：Domestic Direct Dial）长途电话

1. 直拨长途电话

（1）设置客房电话等级，以便客人在客房直拨长途电话。

（2）口头或通过酒店资料告知客人长途电话的使用方法和计费方法。

（3）及时核对电脑资料，跟进电话等级的关闭时间，以避免酒店损失。

（4）对凡已结账的客人，一律不开通直拨长话线路。

2. 电话等级设置

（1）根据前台的通知设置客房电话等级。

（2）如客人要求开通长途，需事先核查电脑资料，确认是否有权限或押金是否足够，否则请客人先到前台收银处交纳押金。

（3）确认客人不再拨打长途或客人退房后，关闭长途电话等级。

（4）对电话等级变动做好相应的记录。

3. 人工挂接长途电话

（1）主动问候并受理客人的要求，核对房号、姓名、抵离店日期。

（2）问清并记录所拨国际、国内长途的国家或地区号码。

（3）及时拨通长途台，通报本机号、分机号、话务员代号、长途台话务员代号等信息，做好记录或输入电脑。

（4）电话接通后请客人讲话。

（5）通话结束后，及时通知前台收银处，以免跑账。

（四）电话咨询服务

（1）电话铃响三声之内接听，用礼貌语言向客人问好，并报所在部门。

（2）认真聆听客人的问题，必要时请客人重复某些细节或含混不清的问题。

（3）重述客人询问的内容，以便客人确认。

（4）及时准确地给予客人满意的答复。

（5）对于不能给客人准确答复的问题处理：先请客人挂断电话稍候、查询准确答

案、及时联系并将答案告诉客人。

（6）询问客人是否还有其他疑问之处，表示愿意提供帮助。

（7）对于查询住店客人房间号码的电话，应礼貌地向客人表示歉意，不泄露住店客人信息。

（五）免电话打扰服务（DND：Do Not Disturb）

（1）接到客人免打扰通知时，需问清免打扰等级要求、免打扰时间段。

（2）更改相关电脑资料信息，在话务台进行 DND 设置。

（3）根据客人的时间段要求取消 DND 设置。

（4）做好相应登记和交班工作。

（六）留言服务

1. 接收留言

（1）当客房电话无人接听、占线、无法联系上客人时，主动询问来电者是否需要留言服务。

（2）留言时认真核对来电者提供的住店客人信息是否与酒店信息一致。

（3）准确记录留言者的姓名、联系电话、留言内容。

（4）复述核对留言内容。

2. 设置留言

（1）按酒店前台系统规定标准，将留言内容输入电脑，并核实无误。

（2）按留言灯开启程序开启客房留言灯，并联系礼宾部递送留言。

3. 传递留言

（1）当客人电话查询时，将留言内容准确地告知客人。

（2）关掉留言灯。

4. 核对留言

每日接班后、下班前核对留言与留言灯是否相符。

（七）电话叫醒服务

1. 接收叫醒要求

（1）问清客人房号、姓名及叫醒时间。

（2）复述客人叫醒要求，确认无误。

（3）祝客人晚安。

2. 设置叫醒服务

（1）检查叫醒客房类型和客人类型，对套房、VIP 必须作出特别提示处理，如套房卧室分机叫醒、VIP 人工叫醒等。

（2）按规定程序将叫醒信息输入机台，并核查无误。

（3）将叫醒信息按要求登记在叫醒记录本上。

3. 叫醒服务及核查

（1）以最早的叫醒时间，逐一检查是否叫醒成功。

（2）对叫醒不成功客房进行人工电话叫醒；对电话无人接听客房，通知房务中心上门叫醒，并做好相应记录。

（3）按规范对 VIP 提供人工叫醒服务：称呼客人姓名、问好、报出叫醒时间、简单介绍天气情况、祝客人愉快。

4. 团队叫醒注意事项

（1）团队整体叫醒必须和前台核对时间无误。

（2）团队单上房号应与电脑系统核查一致。

（3）需格外注意陪同房间、与团队统一叫醒时间不同的房间的要求。

（八）快捷服务

1. 快捷客房服务

（1）熟悉酒店客房服务项目和内容。

（2）按规定要求接听电话，准确记录客人客房服务要求。

（3）及时通知相关人员完成客人所需的服务，如补充客用品、租借物品、提供客房服务等。

2. 快捷订房服务

（1）熟悉酒店客房状况，以及酒店前台系统的订房操作。

（2）按规定接听电话，准确记录客人的订房要求。

（3）根据酒店房态情况，接受客人订房或礼貌委婉地拒绝客人订房。

3. 快捷订餐服务

（1）熟悉送餐服务的菜单内容和相关服务程序。

（2）按规定要求接听客人电话，准确记录客人订餐要求。

（3）接受客人订餐，并通知送餐部及时完成送餐服务。

4. 快捷投诉处理

（1）熟悉基本的投诉处理原则和技巧。

（2）记录投诉客人的姓名、房号、抱怨或投诉内容，并根据自己的权限和能力，迅速作出判断。

（3）对在自己权限、能力范围内的投诉，接纳客人的抱怨或投诉，尽快为客人解决问题。

（4）对超出自己权限、能力范围的投诉，先向客人致歉，安抚客人情绪，告知客人酒店大堂副理、值班经理或相关部门经理将马上与其联系、跟进处理。

（九）消防等紧急报警

1. 接到报警

（1）保持冷静，认真听清报警地点和报警人姓名并迅速做好记录。

（2）重复报警地点和报警人姓名。

2. 通知有关部门

（1）熟悉酒店消防、客人电梯被困、炸弹威胁、水灾、伤亡事故、恶性刑事案件等预案规定。

（2）按相关预案规定要求，及时通知有关部门及相关人员。

3. 坚守岗位

（1）保持线路畅通。

（2）安慰稳定客人情绪。

4. 填写报警记录

六、实习任务

（一）岗位适应阶段（实习到岗后3个月内）

（1）建立融洽的同事关系；

（2）了解实习酒店前厅部的组织结构及人员配备情况；

（3）了解实习酒店总机在前厅部的地位、作用及业务范围；

（4）熟悉总机的工作流程以及各项服务标准；

（5）熟悉电话交换机、酒店计算机系统等设备和软件系统。

（二）业务提升阶段（实习到岗后3个月至实习结束前1~3个月）

（1）熟练操作电话交换机、酒店计算机系统等各种设备和软件系统；

（2）及时更新并熟记常用电话号码、酒店服务信息、酒店组织信息等资料；

（3）掌握各项总机服务及投诉处理技巧；

（4）具备高效、礼貌、职业化的工作态度；

（5）了解前厅部相关岗位的工作流程、标准。

（三）能力拓展阶段（实习期结束前1~3个月）

（1）掌握电话、传真机以及高速网络的安装和故障维修服务知识；

（2）了解总机领班、主管的工作内容及业务流程；

（3）总结本岗位工作中做得好的方面和存在的问题，并提出改进建议；

（4）收集整理本岗位工作中出现的两个典型案例，并运用所学知识进行分析；

（5）了解前厅部其他岗位的岗位职责与工作内容；

（6）了解前厅部经理的岗位职责与工作内容。

七、管理能力训练

根据实习情况，企业实习导师定期组织学生对总机运行中出现的典型案例进行深层次的分析和讨论，使理论学习与实践操作有机地结合起来，以促进学生管理能力的提升。

八、推荐阅读

（一）专著

1. 王玉.前厅部实训教程［M］.西安：西安交通大学出版社，2011.

2. ［美］Margaret M. Kappa, Aleta Nitschke, 等.饭店前厅管理［M］.潘之东，主译.北京：中国旅游出版社，2002.

3. 宋秋，唐恩富，等.酒店前厅服务与管理实训教程［M］.成都：西南财经大学出版社，2014.

4. 赵庆梅，蔡海燕.前厅服务与管理［M］.上海：复旦大学出版社，2013.

（二）期刊

1. 桂林旅游学院：旅游论坛

2. 上海社会科学院旅游研究中心：饭店世界

（三）报纸

中国旅游报

（四）网站

1. 最佳东方网（www.veryeast.cn）

2. 中国酒店网（www.ch-ra.com）

3. 中国旅游酒店网（www.ctha.org.com）

（五）自媒体

微信公众号：酒店人指南、私人管家、酒店评论、酒店高参、酒店精英孵化器

第四节　酒店客房楼层实习指导书

一、岗位基本情况介绍

客房产品是酒店经营的核心产品，客房楼层是生产客房产品的主要部门。客房楼层工作影响着客房使用寿命和质量，是客人是否选择再次入住酒店的关键因素。客房楼层是客房部的主要部门，也是学生在客房部实习的主要岗位。

客房楼层的主要业务包括客房的日常清洁、对客服务，以及客房设施设备的维修保养工作。

二、岗位实习目标

学生通过顶岗实习，了解酒店客房服务与管理的相关知识，客房部的组织结构、岗位职责、功能及业务范围，客房部与酒店其他部门之间的联系；掌握客房清洁保养、对客服务流程及技巧等主要业务和工作内容，熟悉客房部各类报表；树立酒店服务理念，积累经验，学会触类旁通，提升解决和处理酒店客房运作中出现的问题及突发事件的能力。

三、岗位任职条件

（1）品行端正，责任心强，吃苦耐劳，认真细致。

（2）仪容仪表端庄得体，和蔼、热情、谦逊，表情自然大方，身体健康。

（3）有一定的应变能力及处理突发事件的能力。

（4）掌握客房楼层基本操作技能，为宾客提供满意周到的服务。

四、岗位职责

（1）维护楼层安全，经常巡视所负责楼层，见到可疑人物及物品要及时处理。

（2）清洁及保养楼层，包括楼层公共区域和客房内设施设备、家私用品的清洁及维修保养工作，并做好清洁及保养记录。

（3）为住客提供酒店规定的服务，以及发挥主观能动性为客人解决其提出的合理问题，留心记录客史。

（4）掌握实时房态，对自己负责的客房状态要随时做到心中有数。

五、岗位工作内容与要求

（一）清洁房间及卫生间程序

1. 进

（1）按进房门程序敲门进入房间、取电，记录进房时间；

（2）检查迷你吧；

（3）检查房内的物品情况；

（4）拉开窗帘，关掉所有多余的灯。

2. 撤

（1）撤走房内用完的餐具或餐车放到工作间；

（2）收走垃圾，收走用过的杯具或烟缸放到浴室待洗；

（3）逐层撤走床上的布草；

（4）撤走客人使用过的巾类。

3. 铺

（1）整理床垫、保护垫，确保平整、干净；

（2）铺床单；

（3）套被套；

（4）套枕套；

（5）摆放枕头。

4. 洗

（1）洗杯子、皂碟、烟灰缸；

（2）抹干杯子、皂碟、烟灰缸；

（3）清洁马桶；

（4）清洁浴缸；

（5）清洁洗手台台面；

（6）清洁洗手盆；

（7）抹干浴帘、墙壁、浴缸、洗手台及洗手盆；

（8）抹镜。

5. 抹

（1）从房门开始按顺时针或逆时针顺序进行抹尘；

（2）对于每件家私或物品，遵循从上到下、从里到外的原则进行抹尘；

（3）抹尘一般使用两块抹布，一湿一干，先湿后干，手法为一抹到底；

（4）抹尘过程中检查电灯电器是否正常，物品归位，记住需补充物品的种类及数量。

6. 补

按规定种类及数量补充房间和洗手间物品。

7. 吸

按从里向外，先吸房间再吸卫生间的顺序对房间地毯进行吸尘。

8. 查

（1）回顾房间，检查房间是否美观，是否有遗留清洁用具；

（2）填写工作报表。

（二）迎客服务

1. 一般客人迎接服务

（1）接到入住房号的通知，确认后在房态表上注明入住时间；

（2）站立在电梯口做好迎接工作；

（3）客人到达后，礼貌问候客人并询问客人房号；

（4）带客行至房门口，询问客人是否需要帮忙开门。

①若客人同意，双手接过欢迎卡，迅速看清欢迎卡上的客人姓名、入住日期、房号，确认后再开门；开门后，请客人先入房，主动向客人介绍客房的设备设施及使用方法。退出房间之前应询问客人是否还需要其他服务，最后祝客人入住愉快，退出房间时轻轻将门关上。

②若客人拒绝，应由客人自己开门，开门后询问客人是否还需要其他服务，并告知其入住期间寻求服务的方式，祝客人入住愉快，待客人关上房门或主动请服务员离开后方可离开。

2. VIP客人迎接服务

（1）接到VIP抵达通知单，再次检查房间卫生和设施设备情况。

（2）按酒店VIP等级接待标准和客人要求按预定时间做好房间布置。

（3）按预定的时间准备好茶具与茶水。服务员按预定时间到达前开启房间大门，白天则视天气而定是否开启房内灯光，晚上房内灯光全部开启，同时把窗帘拉拢。如客人在晚上入住，要提前完成开夜床服务。准备工作完成后则协助相关上级迎接客人。

（4）当客人到达楼层时，向客人问好并表示欢迎。

（5）客人进入房间，服务员迅速送上欢迎茶。

（6）工作完成后，询问客人是否还需要其他服务，最后祝客人住店愉快，退出房间并关闭房门。

3. 团队客人迎接服务

（1）接团队抵达通知单，根据通知单上的要求做好各项准备工作，如是否有特殊要求，如撤酒水、加床等事项。

（2）团队抵达时，在电梯口迎接，并协助行李生准确地把行李送给客人。

（三）送客服务

1. 一般送客服务

（1）熟悉当天预离房号，尽量获知客人离店具体时间；

（2）提前到达客人房门口，等候客人开门；

（3）若遇客人拿行李出门，应主动为客人拿行李；

（4）送客人至电梯门口，为客人按电梯按钮；

（5）电梯到达时，为客人按住电梯按钮以防电梯门关闭；

（6）客人进入电梯后，与客人道别，欢迎下次光临；

（7）待电梯门完全关闭后才能离开；

（8）进入客人房间进行查房。

2. 团队客人送客服务

（1）接团队退房通知，熟悉房号和房间情况，做到心中有数；

（2）到预退房时间，服务员在客房外等候客人出门，与客人道别；

（3）可以马上按退房程序检查房间，并将查房结果记录下来；

（4）如果团体房的行李集中在走廊，服务员要时刻注意走廊行李，并由专人看管；

（5）联系行李生并协助行李生收行李，确保行李顺利收走，做到无遗漏与丢失；

（6）当前台打电话说团体退房时，服务员应准确无误地将团体房检查的结果及消耗的酒水情况报给前台；

（7）报完后，服务员把消耗酒水的房号、消耗的种类、前台收银的姓名及时报给管家部文员。

（四）查房程序

（1）接到退房房号，确认房号；

（2）查看做房报告表，确认做房报告表备注栏内是否写有特别事项；

（3）按进房门的程序敲门进入房间，先取电，开窗帘，关灯关水；

（4）按顺序查看房间物品，留意是否有遗留物、酒水消耗、借用物品、污渍或缺损物品；

（5）查完整间房间物品后将查房结果报至前台收银，如有消耗酒水或其他物品赔偿需报文员做好记录；

（6）退出房间将门锁上，并在房态表上做好记录；

（7）查退房过程中，服务员查房一定要快、准、清晰，多房退房时要查一间报一间。

（五）转房服务

（1）接到转房通知，按退房程序检查房间；

（2）检查完毕将结果报前台收银；

（3）查房结果报前台收银后，再报给文员，并做好记录；

（4）楼层服务员按退房要求清理房间，如有客人没转完的遗留物品，要及时拿到所转的房间。

（六）开夜床服务

（1）每天 18:00~21:00 给所有住客房以及当天已预订的房间开夜床；超过 21:00 后，为避免打扰客人正常休息，除非客人有要求，否则不要再开夜床。

（2）如果客房的"请勿打扰"灯亮着，服务员可以从房门下塞入一张卡片告知客人。

（3）服务员按照进房门程序敲门进入房间，填写进房时间。

（4）进入房间后，打开房间内所有的照明，不能调节客人所设置的空调温度；如果窗户开着，将窗户关闭。

（5）撤出房间内的送餐餐具，客人使用过的巾类、垃圾，将客人使用过的杯具、烟灰缸撤至洗手间。

（6）开床。

①开客人使用过的床铺的一边。掀起被角，将被子打开至最近的枕头中间位置，折叠翻折的被头边，使翻折的被头边与床靠成 90 度，整理好下垂部分。将枕头放平。开夜床致意品放在床头柜上，致意卡等放在打开的被角上。如果客人床上放满了物品，则不要动客人的东西，可不开床。把床头灯打开，光线调到柔和位置。

②如果是住一位客人的大床房，开离电话最近（通常也是离洗手间最近）的一边；如果是住两位客人的大床房，大床两边都要开。如果是住一位客人的双床房，开离电话

最近的一边；如果是住两位客人的双床房，开靠床头柜的两边。

（7）将客房窗帘全部拉上。

（8）将晚安牌翻过来。

（9）把脚垫铺在开过夜床的床边，拆开酒店的拖鞋放在上面，没有脚垫则只需要放置拖鞋即可。

（10）清洗客人使用过的杯具、烟灰缸，清洁客人用过的浴缸、面盆、恭桶。

（11）给房间进行抹尘。

（12）在浴缸边铺上地巾，将浴帘拉开一半，浴帘下部放进浴缸里。

（13）补充巾类、一次性消耗品、酒吧饮料等，更换酒吧账单、垃圾袋。

（14）将房间内的客用品及客人自己的物品摆放整齐。

（15）根据酒店规定派送报纸，更换冰桶内冰块或烧开水（烧开水也可在进房门之后就进行）。

（16）留床头灯（住几位客人留几盏）和门廊灯。

（17）回顾检查，将房门关闭，填写工作报表。

（七）洗衣服务

1. 普通洗衣服务

每天中午规定时间之前接收洗衣，当天傍晚之前送回；超过规定时间接收的洗衣，在第二天傍晚之前送回。服务员在接收普通洗衣的时候，应查看客人预离店日期，如遇时间冲突，应礼貌地向客人解释，或建议其使用加快洗衣服务。

2. 加快洗衣服务

一般的提供时间为每天早上至晚上，晚上规定时间之后不提供快洗服务。提供快洗服务，应在收到洗衣后4小时内送回，另加收50%的服务费。在收洗衣的时候，需向客人把收费问题解释清楚。

3. 客人要求收取客衣的方式

（1）客人打电话要求送洗衣物。

（2）客人将要送洗的衣物和填好的洗衣单放进洗衣袋，挂在门锁上或放在床上。

（3）留下字条，让服务员代填洗衣单，并把衣物装在袋内放在显眼的地方。

（4）将衣物直接交给楼层服务员。

4. 收取客衣流程

（1）收到客人送洗衣服时，首先检查衣服口袋是否有遗留物品，如有及时交还客人；如客人不在房内，物品和衣服交客房服务中心。

（2）检查衣服纽扣是否齐全，有无破洞、褪色、严重的污迹，如有要向客人说明并在洗衣单上注明。

（3）按客人填好的洗衣单核对送洗衣服的种类、件数、普、快洗，挂或叠，有出入的地方要与客人解释清楚并请客人在相应位置签名。

（4）把客人签好名的洗衣单和衣服拿到客房服务中心（或交给定时收洗衣的洗衣房客衣员），在洗衣单上填好日期、房号、姓名。

（5）按洗衣单上的数量及衣服的特征填写"客衣送洗登记表"。

5.送还客衣流程

（1）客衣收回时检查衣服的洗涤质量及是否有损坏，按"客衣送洗登记表"上的数量、特征以房号为单位核对，同时将标签撕掉。

（2）客人不在房间，为客人填写"客衣收回登记表"，将衣物放入客人房内，折叠的衣物放在床尾，悬挂的衣物放在衣柜内。

（3）客人回到酒店要求送衣服时，服务员把洗好的衣服与洗衣单的客人联同时交给客人。

（4）请客人检查并在"客衣送洗登记表"上签名，服务员也在相应位置签名。

（八）擦鞋服务

（1）服务员接到有客要求擦鞋时，问清客人房号；当客人告知房号后，请客人稍等一下，马上到客人房间取；若客人将鞋子放入"免费擦鞋"篮或者放置房门外时，同样是要求擦鞋服务。

（2）按照进房门程序，敲门征得客人同意后，进入房间收取客人要擦的鞋子。

（3）收鞋时应注意检查鞋子是否完好，有无破烂的地方；如发现有，要及时与客人说明，以免发生误会。一般只收深色皮鞋。

（4）将鞋子拿到工作间去擦，要准备好报纸垫于地上。擦鞋时应拿两块擦鞋布，一块用于塞进去放入鞋子内，以免弄脏手和鞋子里面；另一块用于刷完油后擦鞋子。擦鞋时要先刷去鞋上的尘土，再用鞋油去擦，擦时注意不要将鞋油弄到鞋带或鞋的里面去。

（5）将擦好的鞋子再仔细检查一遍，看有无没擦到的地方，再将鞋送到客人房间。

（6）按照进房门程序敲门进入房间，并告诉客人："先生/小姐，您的鞋子已经帮您擦好了，请您看一下是否可以？"当客人表示满意后，再退出房间，并带上房门；若客人不在房间，则将擦好的鞋子放在床边，或"免费擦鞋"篮旁边。一般收到鞋子后3小时内送回。

六、实习任务

（一）岗位适应阶段（实习到岗后3个月内）

（1）建立融洽的同事关系；

（2）了解实习酒店客房部的组织结构及人员配备情况；

（3）了解客房楼层在客房部的地位、作用及业务范围；

（4）熟悉客房楼层服务员的岗位工作流程、标准。

（二）业务提升阶段（实习到岗后3个月至实习结束前1~3个月）

（1）熟悉客房部运作规律；

（2）掌握客房服务技巧；

（3）提高观察客人习惯的能力，能为客人提供个性化服务；

（4）了解客房部相关岗位的工作流程、标准；

（5）了解客房楼层排班依据。

（三）能力拓展阶段（实习期结束前1~3个月）

（1）了解和掌握客房部房态的控制；

（2）掌握客房部常用报表的制作和分析方法；

（3）了解楼层领班、主管的工作内容及业务流程；

（4）了解客房部经理的岗位职责与工作内容；

（5）总结本部门工作中做得好的方面和存在的问题，并提出改进建议；

（6）收集整理本部门工作中出现的两个典型案例，并运用所学知识进行分析。

七、管理能力训练

根据实习情况，企业实习导师定期组织学生对客房部运行中出现的典型案例进行深层次的分析和讨论，使理论与实践有机地结合起来，促进学生管理能力的提升。

八、推荐阅读

（一）专著

1. 贺政林. 酒店客房部经理案头必备手册［M］. 北京：中国纺织出版社，2014.

2. ［美］Margaret M. Kappa，Aleta Nitschke，等. 饭店客房管理［M］. 潘之东，主译. 北京：中国旅游出版社，2002.

（二）期刊

1. 桂林旅游学院：旅游论坛
2. 上海社会科学院旅游研究中心：饭店世界

（三）报纸

中国旅游报

（四）网站

1. 最佳东方网（www.veryeast.cn）
2. 中国酒店网（www.ch-ra.com）
3. 中国旅游酒店网（www.ctha.org.com）

（五）自媒体

微信公众号：酒店人指南、私人管家、酒店评论、酒店高参、酒店精英孵化器

第五节 酒店客房服务中心实习指导书

一、岗位基本情况介绍

客房服务中心是客房部的信息传递中心，是配合客房楼层进行对客服务、本部门内部协调调度，以及与外部门正常业务往来的关键部门。客房服务中心的主要岗位是客房服务中心文员（本节简称"文员"），也是学生在客房部实习的主要岗位之一。

客房服务中心的主要业务包括对客人的服务请求进行安排解决、调度客房部楼层员工、代表客房部与外部门进行正常的业务联系，以及控制房态、遗留物品登记保管与楼层工作钥匙的保管等。

二、岗位实习目标

学生通过顶岗实习，了解酒店客房服务与管理的相关知识，客房部的组织结构、岗位职责、功能及业务范围，客房部与酒店其他部门之间的联系；掌握接打电话、对客服务、电脑软件使用、客房部成本核算等主要业务和工作内容，学会查看和填写客房部各类报表；树立酒店服务理念，积累经验，学会触类旁通，提升解决和处理酒店客房运作中出现的问题及突发事件的能力。

三、岗位任职条件

（1）品行端正，责任心强，吃苦耐劳，认真细致。

（2）仪容仪表端庄得体，和蔼、热情、谦逊，表情自然大方，身体健康。

（3）有一定的应变能力及处理突发事件的能力。

（4）有良好的沟通能力，包括多语言沟通能力。

（5）具备一定的计算机应用能力。

四、岗位职责

（1）接打电话，协调对客服务工作。

（2）与外部门进行有关客房事务方面的业务联系。

（3）客房钥匙保管、发放。

（4）遗留物品保管工作。

（5）控制客房状态。

（6）客房档案保管。

五、岗位工作内容与要求

（一）接听电话

（1）电话铃响三声以内接听。

①接内线口语一般为：Housekeeping，×× speaking. May I help you？

②接外线口语一般为：×× Hotel housekeeping，×× speaking. May I help you？

（2）一边接听一边将通话内容记录在电话记录本上，记录的内容通常包括来电时间、来电房号、事件、来电者、接听者、需传递给谁等内容。

（3）向来电者简单陈述和确认事项内容。

（4）若来电者是客人，则挂电话前再次询问是否还需要帮助，感谢来电，祝客人入住愉快；若来电者是同事，应尽快转达信息。

（5）按照电话记录本记录的内容通知相关人员，并在记录本上做好已通知记录。

（6）对于调度安排的服务内容，以及需要追踪反馈的工作内容，在酒店规定完成的时间后再次联系追踪反馈情况，并在记录本上做好记录。

（二）楼层工作钥匙保管

（1）早班文员从保卫库将钥匙领回，核对钥匙库里的钥匙。

（2）早会后请楼层员工签领钥匙。

（3）做好钥匙的交接班工作。

（4）白班员工下班前将其所领取的钥匙签还。

（5）中班文员下班前，将钥匙核对后交到保卫库保管，大夜班楼层服务员留一把万能钥匙即可。

（6）房务中心若安排有夜班，则有可能在房务中心设置钥匙柜，不需要存放至保卫库。

（三）房态控制

（1）督促楼层领班收集房态表；

（2）汇总客房部房态表，录入系统；

（3）如房态出现差异，及时通知楼层主管进行核对，并将正确的房态报给前台；

（4）打印房态差异表两份；

（5）请大堂副理或前台主管签名，一份放在前台，一份存档。

（四）遗留物品管理程序

1. 收到遗留物品的处理流程

（1）当文员接到交来的遗留物品时，应立即在"遗留物品登记表"上登记好日期、房号、客人姓名、物品名称与数量、拾遗人、存放地点，经手人需签名，并做好交班。

（2）物品上用标签贴上日期、房号、拾遗人等信息，必须与"遗留物品登记表"上填写一致，并将物品放入专门存放遗留物品的柜子。

（3）如果客人遗留物品为贵重物品，需在第一时间联系客人前来领取，或按客人要求进行处理；当无法联系客人时，则将遗留物品的信息通知大堂副理并将物品交由其保管于前台保险柜中，同时做好记录。

（4）填写"遗留物品汇总表"并录入酒店信息系统。

2. 遗留物品认领

（1）文员接到客人来电询问有关遗留物品时，应先问清楚客人的姓名、房号、入住及退房时间、遗留物品的样式及数量，再仔细核对"遗留物品登记表"；查到确有此遗留物及客人资料准确无误后，告知客人，并询问客人领取物品的方式及与客人的联系方式。

（2）认领方式。

①本人直接认领：需要留客人身份证复印件及本人签字，并留下联系方式。

②请人代为认领：如果是请人代为认领，应问清有关问题，无误后，复印认领人身

份证，并签字留下联系电话和地址，必要时需代领人提供有本人签名的授权书。

3. 遗留物品保管时限

（1）贵重物品存放时间为半年；

（2）一般物品保留时间为三个月；

（3）开启的食物、饮料及药品保留时间为三天。

4. 超保管期遗留物品的处理

（1）一般物品，发放给拾遗人；

（2）贵重物品，由大堂副理交由酒店处理；

（3）遗留物品发放时，应做好相应记录，由领取人签名；

（4）开出由部门经理签名确认的放行条，交由保安部放行。

六、实习任务

（一）岗位适应阶段（实习到岗后3个月内）

（1）建立融洽的同事关系；

（2）了解实习酒店客房部的组织结构及人员配备情况；

（3）了解客房服务中心在客房部的地位、作用及业务范围；

（4）熟悉文员的岗位工作流程、标准。

（二）业务提升阶段（实习到岗后3个月至实习结束前1~3个月）

（1）熟悉客房部运作规律；

（2）掌握沟通技巧；

（3）了解客房部相关岗位的工作流程、标准；

（4）了解客房楼层排班依据。

（三）能力拓展阶段（实习期结束前1~3个月）

（1）了解和掌握客房部房态的控制；

（2）掌握客房部常用报表的制作和分析方法；

（3）了解楼层领班、主管的工作内容及业务流程；

（4）了解客房部经理的岗位职责与工作内容；

（5）总结本部门工作中做得好的方面和存在的问题，并提出改进建议；

（6）收集整理本部门工作中出现的两个典型案例，并运用所学知识进行分析。

七、管理能力训练

根据实习情况,企业实习导师定期组织学生对客房部运行中出现的典型案例进行深层次的分析和讨论,使理论与实践有机地结合起来,促进学生管理能力的提升。

八、推荐阅读

(一)专著

1. 贺政林.酒店客房部经理案头必备手册[M].北京:中国纺织出版社,2014.

2. [美]Margaret M. Kappa,Aleta Nitschke,等.饭店客房管理[M].潘之东,主译.北京:中国旅游出版社,2002.

(二)期刊

1. 桂林旅游学院:旅游论坛

2. 上海社会科学院旅游研究中心:饭店世界

(三)报纸

中国旅游报

(四)网站

1. 最佳东方网(www.veryeast.cn)

2. 中国酒店网(www.ch-ra.com)

3. 中国旅游酒店网(www.ctha.org.com)

(五)自媒体

微信公众号:酒店人指南、私人管家、酒店评论、酒店高参、酒店精英孵化器

第三章
酒店餐饮实习指导

第一节　酒店中餐实习指导书

一、岗位基本情况介绍

酒店餐饮部是通过出售菜肴、酒水及相关服务来满足客人饮食需求的经营管理部门，是反映酒店服务水平的重要部门之一，也是酒店重要的创收部门。中餐厅是餐饮部重要的组成部分，是学生主要的顶岗实习部门之一。

中餐厅的主要业务包括餐前准备、迎宾、点单、上菜及席间服务、结账与送客等。

二、岗位实习目标

学生通过顶岗实习，了解酒店中餐厅服务与管理的相关知识，中餐厅的组织结构、岗位职责、功能及业务范围；掌握餐前准备、迎宾、点单、上菜、席间服务、结账、送客、重整餐台等主要业务流程和工作内容；树立酒店服务理念，积累经验，学会触类旁通，提升解决酒店中餐厅运作中出现的问题及突发事件的能力。

三、岗位任职条件

（1）仪容仪表端庄得体，和蔼、热情、谦逊，表情自然大方。

（2）性格开朗，善于交际；品德良好，为人正派、诚实；责任心强，有吃苦耐劳精神。

（3）身体健康，有较强的自我情绪调节能力。

（4）有较强的语言能力和应变能力，英语口语流利；反应敏捷，有较强的处理突发事件的能力。

（5）掌握中餐厅服务操作技能，能够熟练、准确地按操作程序完成本职工作，为宾客提供满意周到的服务。

四、岗位职责

（1）做好餐前准备，摆台并检查餐具是否有破损；

（2）迎宾问候并引位；

（3）接受客人点单，适时推销，重复客人点单；

（4）按照中餐进餐顺序及时上菜；

（5）及时进行席间服务；

（6）按规定进行结账服务；

（7）收台。检查客人是否遗留物品，收拾餐具至工作台或洗涤间。

五、岗位工作内容与要求

（一）餐前准备

（1）保持工作区域干净整洁；

（2）检查餐桌、餐椅等物品有无松动、破损，设施设备是否有故障，若有应及时报修或更换；

（3）检查并保证餐具完备完好；

（4）调好室内灯光，根据需要摆好室内的屏风等临时装饰物；

（5）将所需餐具、用具消毒后放在备餐间或餐桌上；

（6）备好供应的酒水饮料、茶叶、开水等；

（7）熟悉餐点的品种、价格、主料、辅料，尤其是当日供应的特色菜和受季节变化不供应的品种；

（8）上岗前检查个人仪容仪表卫生，工作服要干净整洁，纽扣齐全，做到无污染、无破损、无褶皱。

（二）迎宾

（1）客人到来时主动迎上前问候，对于常客，应记住客人名字和就餐的喜好。

（2）客人如已预订，则热情引领客人入座；如没有预订，则将客人引领至客人合适的座位。

（3）引领客人时，把握好与客人的距离，应走在客人左前方 1~1.5 米的地方。

（4）无座位时，询问客人是否可以等待，并告知大约等待时间；安排客人在休息处等待，为客人准备茶水；及时与餐厅沟通，了解餐位，以最快的速度为客人备好餐台。

（三）拉椅让座

（1）主动协助客人拉椅让座；

（2）站在椅背正后方，拉出椅子，示意客人入座；

（3）将椅子往前推，使客人恰好入座；

（4）客人如有脱下的外套，则帮助客人将衣服挂起；

（5）视情况需要，为客人提供椅套服务。

（四）点单

1. 零点服务

（1）从客人右侧递上洁净完好的菜单，先女宾后男宾；

（2）根据实际情况，实时推销特色菜和招牌菜；

（3）按规定填写菜单，客人点单完毕，应复述客人的点单，以免有误；

（4）及时了解客人就餐状态，视情况进行二次推销；

（5）如有特殊情况，应及时向厨房和客人说明；

（6）当客人点菜完毕，及时递上酒单，请客人点酒；

（7）必要时给客人推荐酒品饮料；

（8）正确记录客人点单，经账台划账，持点单至酒吧取酒；

（9）牢记客人各自所点的酒品饮料，正确无误地端送给客人；

（10）斟酒时当着客人的面示酒、开瓶，应从客人右边斟倒。

2. 团餐服务

（1）向团餐点单负责人呈递菜单；

（2）根据实际情况，实时推销特色菜和招牌菜；

（3）根据规定填写菜单，客人点单完毕，重复菜单；

（4）当客人点菜完毕，及时递上酒单，请客人点酒；

（5）分别给收银、厨房等相关部门下单。

3. 餐饮推销技能和技巧

（1）服务员必须了解本店特色及菜谱所有菜品；

（2）微笑面对客人，注重礼仪，注重形象，注意倾听；

（3）了解客人的特点、身份和就餐目的；

（4）选准推销时机，如初次落单前推销、点菜过程中推销、菜上齐后推销等；

（5）选准推销对象；

（6）灵活运用语言推销技巧；

（7）主动、及时询问客人并提出合理建议。

（五）上菜及席间服务

1. 上菜

（1）询问客人，按客人的要求时间上菜；

（2）按照中餐进餐顺序逐项上菜；

（3）从规定的位置上菜，视情况按规范主动替客人派菜；

（4）所有菜均在主人和主宾的中间过目，报菜名，主动向客人介绍菜点，重点服务主宾、主人；

（5）主动征询客人对菜肴的意见；

（6）上第一道菜后，应替客人添酒；

（7）上最后一道菜后，示意客人，菜已经上齐，并征求客人是否加菜。

2. 席间服务

（1）客人用餐期间，密切关注客人的各种需求，及时满足；

（2）适当时机给客人续茶水、酒和饮料；

（3）菜品吃完时应及时撤下空盘；

（4）餐中带壳、带骨的菜品应及时更换骨碟；

（5）烟灰缸内有三个或三个以上烟头时，或有其他垃圾时应及时更换。

（六）结账与送客

1. 零点服务

（1）客人用餐完毕，在基本不需要添加食品的情况下，立即核对账单；

（2）客人示意结账，应尽快从其右侧递上账单；

（3）询问客人付款方式，按规定程序结账并道谢。

2. 团餐服务

（1）如需客人现付的，应根据客人数、标准累计总数，到收银处填写账单，向经办人现收。

（2）如客人需要挂账，应先核实客人挂账资格，确认无误后将日期、人数、标准、费用总额填写清楚，请经办人签名，以便事后结账查对。

3. 送客服务

（1）客人用餐完毕后，询问客人是否需要打包；

（2）拉椅送客，动作轻快；

（3）检查台面有无丢失、破损等情况；

（4）提醒客人带好随身物品，并做好检查；

（5）热情送客。

（七）餐后整理

（1）将用过的餐具、用品撤到厨房洗碗处；

（2）更换桌布、餐巾，清洁地面，擦亮转盘，补充相应物品，重新摆台，准备迎接下一桌客人。

（八）投诉处理程序

（1）倾听客人投诉，表示歉意，了解客人想法，做好记录；

（2）调查投诉事件过程；

（3）根据授权进行投诉处理；

（4）答复客人，征询客人意见，并将投诉结果报告上级；

（5）跟进投诉处理结果，并做好记录存档。

（九）意外事故处理程序

1. 客人受伤

（1）询问伤势情况，真诚致歉，检查周边是否有安全提示。

（2）对伤势较轻的客人进行简单伤情处理，询问客人要求；对伤势较重的客人及时协助就医，陪同前往并慰问探望。

（3）及时向酒店反馈客人要求，涉及赔偿要求，与客人达成一致后请客人签字确认。

（4）将处理结果上报酒店，总结受伤事件经验教训。

2. 客人财物失窃

（1）了解事件起因、过程，对失窃客人进行安抚；

（2）查看监控是否有记录，报告上级领导，同时建议客人报警求助；

（3）协助警方调查，并填写餐厅意外事件报告单；

（4）如客人向酒店提出赔偿要求，应及时报告上级处理。

3. 客人争吵

（1）对当事双方及时进行劝阻安抚，降低进一步冲突的可能；

（2）尽量劝到隔离的地方去，对周边客人进行安抚、道歉；

（3）劝架过程中避免与其他客人发生冲突；

（4）尽量减少酒店物品的损坏；

（5）如事态超出自己的能力控制范围，应及时报告上级处理；

（6）填写事件报告单。

4. 客人损坏物品

（1）检查损坏物品大小、是否可维修、客人是否故意；

（2）客人无意损坏，价格低的提醒客人小心，价格高的与客人协商赔偿；

（3）客人故意损坏，交由保安部，保安部根据损坏的情况、数量和价格给予处罚。

5. 客人偷窃物品

（1）调查事件真相和过程；

（2）弄清偷取物品的性质、数量和收藏的地方；

（3）用委婉的语言及技巧方法引导客人把偷取物品自动拿出来；

（4）如劝导不成功，则报告保安部处理，并把掌握的资料告知保安部。

6. 弄脏客人衣物

（1）及时帮助客人处理衣物，尽量令客人满意；

（2）用热的干净毛巾尝试擦去客人衣物上的污渍；

（3）若衣物上的污渍去不掉，则跟客人协商可行方法；

（4）建议把衣物拿到洗衣房快速处理；

（5）如果客人同意，则按酒店规定领取干净衣服让客人更换；

（6）第一时间把脏衣服拿到洗衣房处理，并告知客人等候时间；

（7）洗好之后及时归还客人，并再次道歉。

六、实习任务

（一）岗位适应阶段（实习到岗后3个月内）

（1）建立融洽的同事关系；

（2）了解实习酒店中餐厅的组织结构及人员配备情况；

（3）了解实习酒店中餐厅在餐饮部的地位、作用及业务范围；

（4）熟悉中餐厅的工作流程、标准。

（二）业务提升阶段（实习到岗后3个月至实习结束前1~3个月）

（1）熟练掌握点菜、点酒服务技能和技巧；

（2）掌握菜品及酒水推销技能和技巧；

（3）了解中餐厅相关岗位的工作流程、标准；

（4）能独立完成上级交办的各项工作。

（三）能力拓展阶段（实习期结束前1~3个月）

（1）能创造性地完成上级交办的各项工作；

（2）了解和掌握餐位的控制；

（3）了解中餐厅领班、主管的工作内容及业务流程；

（4）了解中餐厅经理的岗位职责与工作内容；

（5）掌握中餐厅常用报表的制作和分析方法；

（6）总结本部门工作中做得好的方面和存在的问题，并提出改进建议；

（7）收集整理本部门工作中出现的两个典型案例，并运用所学知识进行分析。

七、管理能力训练

根据实习情况，企业实习导师定期组织学生对中餐厅运行中出现的典型案例进行深层次的分析和讨论，使理论与实践有机地结合起来，促进学生管理能力的提升。

八、推荐阅读

（一）专著

1. 林德荣. 餐饮经营管理策略［M］. 北京：清华大学出版社，2012.

2. 邹益民. 现代饭店餐饮管理［M］. 北京：中国财政经济出版社，2010.

（二）期刊

1. 全国服务科技信息中心：饭店现代化

2. 桂林旅游学院：旅游论坛

（三）报纸

中国食品报

（四）网站

中国餐饮网（www.canyin.com）

（五）自媒体

微信公众号：职业餐饮网

第二节　酒店宴会实习指导书

一、岗位基本情况介绍

餐饮部是酒店的核心部门及主要收益来源。宴会服务是餐饮部的重要业务之一。酒店借助宴饮场所为宾客提供各种宴会、会议、培训、展销、演出、洽谈等服务。

宴会服务主要包含宴会接待、会议接待、演出接待、教育培训接待等。

二、岗位实习目标

学生通过顶岗实习，了解酒店宴会服务与管理的相关知识，了解宴会部的组织结构、岗位职责、功能及业务范围；掌握各类接待活动的业务流程和工作内容；树立酒店服务理念，积累经验，学会触类旁通，提升解决酒店宴会服务运作中出现的问题以及突发事件的能力。

三、岗位任职条件

（1）身体健康，无传染性疾病；五官端正，仪容仪表良好。

（2）性格开朗；品德良好，为人正派、诚实。

（3）具有团队合作意识，善于沟通；有一定的应变能力，有处理突发事件的能力。

（4）掌握宴会部各类服务技能和相关知识，能够熟练、准确地按操作程序完成本职工作，为宾客提供满意周到的服务。

（5）工作中能吃苦耐劳，责任心强，并有一定的创新精神。

四、岗位职责

（1）宴会与会议前，按要求做好各种接待准备工作。

（2）宴会与会议中，按照服务程序与标准为客人提供礼貌、高效、优质的服务。

（3）帮助客人解决宴会与会议中的相关问题，如超出本人能力范围，及时向相关人员反映，积极寻求解决办法。

（4）宴会与会议后，按要求做好各项收尾工作；当班任务完成后，与下一班次员工做好工作交接。

（5）与客人建立良好关系，争取更多客源。

（6）按要求做好各种设施设备、餐具、用品的保管保养工作。

（7）严格执行酒店有关消防安全与卫生的规定。

（8）服从领导的工作安排，与同事及相关部门保持和谐的关系。

五、工作内容与要求

（一）中式宴会服务

1. 宴前准备工作

（1）了解工作要求与注意事项，做到"八知"（知出席宴会人数，知桌数，知主办单位，知客人国籍，知宾主身份，知宴会标准，知开席时间，知菜式品种及出菜顺序）、"三了解"（了解宾客风俗习惯，了解客人生活忌讳，了解宾客的特殊要求）。

（2）宴会服务人员应熟记主题宴会上菜顺序及每道菜的菜名，了解每道菜的主料及风味特色，以保证准确无误地进行上菜服务，并回答宾客有关菜肴的问题。

（3）规范着装，提前到位。

（4）按要求做好清洁卫生。

（5）准备好相关设施设备和物品（餐具、台布、口布等），按要求摆台。

2. 宴会现场服务

（1）热情迎宾，在服务过程中要注意分辨主人和主宾。

（2）贵宾休息室服务：应接挂衣帽，提供香巾、热茶或酒水饮料等服务。

（3）引领入席应站在各自的服务区域等候宾客入席，并主动为宾客拉椅让座，帮助宾客铺餐巾、除筷套，并撤掉台号、席次卡及鲜花。

（4）酒水服务。

①为宾客斟倒酒水时，应先征求宾客的意见，按宾客所需，斟倒酒水；如宾客提出不要，应将宾客位前的空杯撤走。

②倒酒水时，应从主宾开始，再到主人，然后按顺时针方向依次进行。如有两名服务员同时斟酒，则一名从主宾开始，另一名从副主宾开始，按顺时针方向依次进行。

③斟酒时，服务员应站在宾客身后右侧，右脚在前，侧身而进；右手持瓶斟酒，酒瓶商标面向宾客，瓶口离杯1~2厘米，斟至八分满即可。

④在主题宴会中，如遇宾主祝酒讲话，服务员应停止一切活动，端正肃立在一旁，并要注意每位宾客杯中的酒水，特别是照应好主宾和主人；待讲话完毕时，服务员要及

时送上一杯酒，供其祝酒。当宾主离席祝酒时，服务员应持瓶跟随其后，以便及时为宾客斟酒、续酒。

⑤在宴会中，服务员要随时注意每位宾客的酒杯，当杯中只有1/3酒水时，应及时添加。添加时，要注意不要倒错酒水。

（5）上菜服务。

①当冷菜食用掉一半时，应开始上热菜。上菜的顺序一般为：第一道凉菜，第二道主菜（较名贵的菜肴），第三道热菜，第四道汤菜，第五道甜菜（随上点心），最后上水果。但粤菜习惯于先汤后菜。

②大型主题宴会或重要宴会，应有专门人员负责指挥控制上菜的节奏，以免早上、迟上或漏上，而影响整个主题宴会的效果。大型主题宴会上菜应以主桌为准，先上主桌，再按桌号依次上菜，绝不可颠倒主次。

③上菜时要选择正确的上菜位。如有热菜使用长盘，盘子应横向朝主人。整形菜的摆放，应遵照我国传统的礼貌习惯，如"鸡不献头，鸭不献掌，鱼不献脊"，即上菜时将鸡、鸭、鱼头部一律朝右，脯（腹）部朝向主宾，表示对客人的尊重。所上菜肴，如有佐料的，应先上佐料后上菜。

④每上一道新菜，要向宾客介绍菜名、风味特点及食用方法。上新菜前要先撤走旧菜。如盘中还有分剩的菜，应征询宾客是否需要添加，在宾客表示不再需要时方可撤走。

⑤主题宴会服务员都要主动地为宾客分汤分菜。分菜时，要胆大心细，掌握好菜的分量、件数，分配准确均匀。高档主题宴会或重要宴会应设分菜台，所上菜肴，先请宾客欣赏后，再拿到服务台上分好，上给宾客。

⑥所有菜肴及主食上完后，在上甜食前，服务员要将用过的餐具全部撤掉，只留水杯及葡萄酒杯于台面；换上新餐盘及水果刀、叉。用完水果后，为客人换上一条新毛巾并送上茶水。

（6）席间服务。

在整个主题宴会期间，要勤巡视，勤斟酒，勤换骨碟、烟灰缸，细心观察宾客的表情及示意动作并主动服务。

①为保证主题宴会服务的质量，突出菜肴的风味特点，使宾客就餐方便、舒适，在主题宴会进行的过程中，应多次为宾客换骨碟。重要的主题宴会要求每道菜换一次骨碟，一般主题宴会换碟次数不得少于三次。撤换时，要注意手法清洁卫生，并要尊重宾客就餐习惯。如有客人将筷子放在骨碟上，在换上干净的骨碟后，也要将筷子按原样放

回骨碟上。

②在宾客就餐过程中，服务员要注意观察吸烟的宾客，如其周围无烟灰缸就应及时送上，如宾客烟灰缸内已有 3 个及以上烟头或其他杂物就应及时更换。

③在服务过程中应及时收撤空菜盘，尤其是在上新菜之前，应将旧菜盘撤下。收撤菜盘时，应征求宾客的意见。如餐桌上菜盘过多，而宾客又要求保留未吃完的菜肴时，可主动为宾客分菜或换用小号的菜盘来盛装。

④主题宴会中应多次递送热毛巾，一般在上海鲜类菜肴时，或是上用手取食的菜肴时，均要送上热毛巾。送毛巾的次数，应根据客人及菜肴种类的需要而定。递送毛巾时，可用专用的毛巾托盛放毛巾，放于每位宾客餐位的右侧，或用毛巾夹将毛巾直接递送到宾客手中。

（7）意外处理。

①客人在用餐时，如餐具或用具不慎掉在地上，服务员应迅速将干净的备用餐具、用具补给客人，然后将掉在地上的餐具、用具拾起拿走。

②客人用餐时，由于不慎将酒杯碰翻酒水流淌时，服务员应安慰客人，及时用干餐巾将台布上的酒水吸去，然后用干净的干餐巾铺垫在湿处，同时换上新酒杯，斟好酒水。客人若将菜汤洒到身上时，服务员要迅速将洒落物清除掉，用湿毛巾擦干净，并请客人继续用餐。

③席间若有客人突感身体不适，应立即请医务室协助，并向领导汇报；将食物原料保存，留待化验。

3. 餐后收尾工作

（1）准确结账。一般主题宴会上完水果后，再给每位宾客斟倒一杯热茶，就应准备结账了。清点好消费酒水总数，以及菜单以外的各种消费，不能漏账，保证准确无误。付账时，若是现金可以现收交收款员；若是签单、签卡或转账结算，应将账单交宾客或主题宴会经办人签字后送收款处核实，及时送财务部入账结算。

（2）剩菜打包。为客人准备好打包袋，并协助客人完成。

（3）送客服务。待客人起身，主动拉椅送客，并提醒宾客带好自己的物品。

（4）现场检查。在宾客离席的同时，服务员要检查台面上是否有未熄灭的烟头，是否有宾客遗留的物品。

（5）撤台清理。宾客全部离开后立即清理台面。清理台面时，按先餐巾、毛巾和金器、银器，然后是酒水杯、瓷器、刀、叉、筷子的顺序分类收拾。凡贵重物品要当场清点。

（6）安全措施。注意火灾隐患，查看各处有无烟头，电器是否关掉，插座是否松动等。

（7）总结提高。每次主题宴会结束后，宴会负责人员要对任务的完成情况进行小结，以不断提高餐厅服务质量和水平。

（二）西式宴会服务

1. 了解各式服务

了解法式服务、俄式服务、英式服务和美式服务等几种主要西式宴会服务的特点、联系与区别，并能根据具体情况灵活运用。

2. 宴前准备工作

（1）了解工作要求与注意事项。

（2）熟悉菜单，熟悉食品原料、烹调方法、烹制时间、配料调味等相关知识。

（3）根据要求布置餐厅。

（4）备好餐具柜，确保各类服务设备和餐具齐全、完整、清洁、可用。

（5）准备好各种酒水饮料，如在主题宴会开始前要举办餐前酒会，更要及时准备好足够的酒水，并配兑好鸡尾酒。

（6）提前摆台。按西餐主题宴会摆台要求进行餐台布置：铺上台布，摆上餐具、酒具及用具，最后摆上鲜花、银烛台等装饰物品，美化席面。

（7）做好各项清洁卫生工作。

3. 宴会现场服务

（1）迎候宾客。

（2）餐前鸡尾酒服务。西式主题宴会可以在宴会开始前，先举办约半小时的餐前酒会。当宾客陆续到来，先到休息室聚会交谈，由服务员送上鸡尾酒、软饮料等，请客人选用。

（3）接挂衣帽。

（4）引宾入席。离开席5分钟左右，主题宴会负责人应主动询问主人是否可以开席，经主人同意后立即通知厨房准备上菜，同时请宾客入席。值台服务员应精神饱满地站在餐台旁，并拉椅让座，注意遵循先宾后主、女士优先的原则。待宾客落座后，为客人铺上餐巾。

（5）出菜服务。注意上菜路线，先上主桌再上次桌，注意控制菜肴温度。

（6）酒水服务。

①餐前酒：客人落座后，服务员要主动询问客人需要何种开胃酒。如客人一时难以

决定，服务员应主动向客人介绍酒水、饮料。介绍时，要注意适合客人的国籍、民族和性别。推销和建议时，注意礼貌用语，不能强迫客人接受，还要记清每位客人所订酒水，以便准确提供服务。

②佐餐酒：在客人用餐期间，根据不同菜肴配不同酒水的要求，为客人提供佐餐酒服务。佐餐酒主要是葡萄酒。

③餐后酒：如客人在主题宴会结束时需饮用餐后酒，服务员应主动向客人推荐利口甜酒、白兰地和一些混合饮料；客人确定饮用品种后，及时为客人提供餐后酒服务。

④香槟酒：可在餐前、餐后、餐间，配任何食品饮用。由于香槟酒开启时能渲染主题宴会的热烈气氛，所以在庆典或款待贵宾时常选用香槟酒。在服务香槟酒时，服务员一定要事先询问服务的时间，注意开瓶、斟酒等操作。

（7）上菜服务。

①西式主题宴会上菜的顺序通常是：开胃菜，汤，鱼、虾海鲜类菜肴，副菜，主菜，甜点和水果，咖啡或茶。

②上菜的原则：上菜时严格根据宾主顺序，遵循先宾后主、女士优先，从客人右侧为客人上菜的原则。

③在主题宴会开始前几分钟摆上黄油，分派面包。面包作为佐餐食品可以在任何时候与任何菜肴相配，所以要保证面包篮内总是有面包，一旦面包篮空了，应立即给客人续添。

④按菜单顺序撤盘上菜。每上一道菜之前，应先将前一道菜的空盘及用过的餐具撤下。撤盘时，服务员要留意客人餐具的摆放，如果将刀叉并拢放在餐盘左边或右边或横于餐盘上方，是表示不再吃了，可以撤盘；如果呈八字形搭放在餐盘的两边，则表示暂时不需撤盘。西式主题宴会要求等所有宾客都吃完了一道菜后才一起撤盘，并一起上菜。

⑤上主菜（又称"大菜"）时，一般配有几样蔬菜和沙司（sauce），此外还配有沙拉（salad）。服务员在上菜时，一定要将主要食物或菜肴最佳部分对着客人摆放，沙拉盘则放在客人的左侧。

⑥上甜点水果之前要撤下桌上除水杯、酒杯、饮料杯以外的所有餐具，包括主菜餐具、面包碟、黄油碟、胡椒盅、盐盅等，并换上干净的烟灰盅。如上甜品，则应先摆好甜品叉、勺；水果则要摆在水果盘里，跟上洗手盅、水果刀、叉。

⑦上咖啡或茶前放好糖缸、淡奶壶，每位宾客右手边放咖啡杯或茶具，然后拿来咖啡壶或茶壶依次斟上。有些高档宴会在餐后需向客人服务雪茄烟。

⑧主题宴会间在客人吃完蟹、虾、蚧后,在吃水果之前和餐毕时,要递洗手盅与香巾,盅内盛凉开水,有时用花瓣或柠檬片装饰,用托盘送至客人右上方(酒杯上方)。

(8)台面服务。注意给客人添加黄油、分派面包,补充酒水、沙拉、冰水等。

4. 宴后收尾工作

与中餐宴后收尾工作要点相同。

(三)宴会外卖服务

1. 宴会外卖前准备工作

(1)了解客人需求。

(2)了解宴会外卖场地的具体情况,并根据场地和宴会主题设计现场布置图。

(3)根据客人需求和外卖场地情况,设计宴会服务方案。

(4)设计、搭建宴会外卖现场。

(5)根据菜单及现场布置图准备相关物品(食品、设备、餐具、布草等),需开具详细的清单列表并反复检查核实,确保无遗漏。

(6)提前到达外卖现场,熟悉场地情况。

2. 宴会外卖现场服务

(1)根据客人需求和场地情况灵活选用服务形式,事先要征得客人同意。

(2)服务内容和流程可参考中式宴会服务和西式宴会服务要求,根据外卖现场情况灵活取舍。

(3)加强沟通,确保场地所有者和宴会外卖团队的所有人员都清楚宴会活动的进程及具体的服务要求。

3. 宴会外卖结束清场

(1)帮助客户将所有物品恢复原状。

(2)做好场地清洁卫生,清理场地垃圾,集中处理。

(3)按清单一一清点带来的设备物品,确保无遗漏。

(4)准确结账。

(5)礼貌告别。

(6)及时复盘,总结提高。

(四)会议服务

1. 会议前准备

(1)了解会议的主办方、会议人数、会议时间、会议地点、会议主题以及会议服务要求等。

（2）做好会议场地卫生保洁工作，确保会议场地内外整洁及相关用品的清洁。

（3）根据会议服务要求准备好相关设施设备、资料物品，如电脑、投影仪、投影幕布、音响、话筒、座号牌、背景音乐、纸笔、茶水、水果、茶点、桌花等（以上物品根据协议也可由客人自备），确保提供的物品干净整洁无破损；特殊会议（签字仪式等）应询问是否需要准备香槟等，并及时做好准备。

（4）通知工程部检查相关设施设备，保证设施设备能完好运转。

（5）根据会议主办方要求做好会场布置、测试设施设备。

（6）适当提前开启空调，确保客人到达时室温适宜；准备好充足热水。

2. 会议中服务

（1）提前到达会议室，配合会议主办方，恭迎与会人员的光临，使用敬语问候。

（2）客人入座后迅速斟倒茶水/咖啡；如果需要毛巾，应先备毛巾，再斟倒茶水/咖啡，以后每隔15~20分钟续一次水/咖啡。如使用瓶装饮料，则需关注客人饮用情况，在客人饮用完毕后及时换上新饮料，并将空瓶收走。

（3）通常会议室内不许吸烟，如特殊情况需摆放烟灰缸，烟灰缸内烟头不得超过3个，应及时更换。

（4）如会议期间使用国歌、国际歌、主办单位会歌等，在播放过程中应站立行注目礼，不得随意走动。

（5）随时观察会场环境及设施设备运行状况，如出现噪声、设施设备故障、停电等突发事件，要及时处理上报，保证会议正常进行。

（6）会议中间休息时，协助主办方尽快整理会场，补充更换各种用品，为客人指示洗手间和吸烟区的方向。

（7）如主办方有要求，可提供茶歇服务。

（8）在会议过程中，遇到参会人员有特殊要求，应尽量给予解决；如不能及时解决，请其稍等，立即向上一级报告，并尽快给予答复。

（9）会议进行期间，不随便进出会场，保持和维护会场秩序，不给会议造成无谓干扰；如主办方有要求，可暂停服务，在旁静候。

3. 会议后收尾

（1）会议结束时，及时打开通道门，站立两侧，礼貌相送。

（2）及时做好会场清理工作。检查会场内有无与会人员遗留的物品，若发现有遗留物应迅速做好记录，并通知主办方。

（3）做好会场的后期整理和清洁工作。撤下会议所用设施设备用品，分类归位；将桌椅擦净，摆放整齐；地板／地毯清理干净，茶杯、毛巾等送洗，回收纸笔等可重复利用物品。

（4）关闭所有电器设备，通知工程部回收相关设施设备。

（5）查看未来几日内有无预订，若有，根据会议通知单做好相应摆台工作。

（6）检查安全隐患，清理工作间卫生，确保无误后关灯、关空调，撤出锁门。

（7）做好本次会议服务总结。

（8）做好保密工作，不询问、议论、外传会议内容，不带无关人员进入会议室。

（五）宴会预订与接洽

（1）保持良好的仪容仪表，精神饱满，优雅热情，礼貌大方。

（2）了解客人心理，根据客人的需求推销宴会产品。

（3）熟悉酒店宴会产品，包括宴会部的设施设备、场地接待能力、产品的种类、特点、服务内容、价格等信息，随时掌握宴会部各餐厅、会议室的使用动态，确保资料准确。

（4）了解和掌握竞争对手酒店的情况，选择适当的报价方式，遵循从高到低的报价原则，尽量将酒店宴会部的产品推销出去。

（5）规范填写各类表格，记录宴会预订信息，并及时与相关部门、人员做好沟通工作。

（6）做好各项跟踪联系工作，确保宴会顺利完成。

（7）按规范建立、管理宴会客史档案，为下一次的宴会销售打下良好基础。

（六）宴会场景设计与菜单设计

（1）了解客人的需求和酒店宴会产品。

（2）根据客人需求和本酒店的资源状况设计宴会场景，在满足客人需求的基础上最大化酒店利益。

①场地设计。

②气氛设计。

③背景设计。

④娱乐设计。

⑤台面设计。

⑥服务设计。

（3）根据客人需求和本酒店的资源状况设计宴会菜单，在满足客人需求的基础上最大化酒店利益。

①菜肴设计。

②酒水设计。

③菜单排版设计。

六、实习任务

（一）岗位适应阶段（实习到岗后3个月内）

（1）建立融洽的同事关系；

（2）了解实习酒店宴会部的组织结构及人员配备情况；

（3）了解实习酒店宴会部在餐饮部的地位、作用及业务范围；

（4）熟悉宴会部的工作流程、技能和标准；

（5）熟悉宴会部菜单、酒水单，了解各类菜肴、酒水的服务方法；

（6）了解宴会部各类常用器具、用品的名称、使用方法、注意事项；

（7）掌握宴会部工作的基本英语用语；

（8）能够熟练操作宴会部各类常用设施设备；

（9）能够独立完成领导交办的各项工作。

（二）业务提升阶段（实习到岗后3个月至结束前1~3个月）

（1）熟练运用酒店管理软件系统；

（2）掌握宴会服务技巧；

（3）了解宴会部相关岗位的工作流程、标准；

（4）了解宴会部排班依据；

（5）能够根据接待内容不同，灵活设计摆台布局；

（6）能够较自如地运用英语与客人进行交流；

（7）掌握宴会部常用设施设备的保养方法，了解宴会部常用设施设备的主要品牌、供应商和价格；

（8）了解宴会部各类物品的管理流程、管理办法；

（9）有创造性地完成领导交办的各项工作；

（10）总结宴会部常见的服务质量问题，分析原因并提出解决方案。

（三）能力拓展阶段（实习期结束前1~3个月）

（1）掌握宴会部常用报表的制作和分析方法；

（2）了解宴会部领班、主管的工作内容及业务流程；

（3）了解餐饮部经理的岗位职责与工作内容；

（4）能熟练运用英语与客人、同事交流，能阅读宴会部的相关英语文件；

（5）了解宴会部的客源，对客人进行分类，总结不同客人的需求特点及服务技巧；

（6）了解宴会销售的技巧；

（7）了解宴会菜单、酒水单的设计原则，设想如何改进宴会菜单、酒水单；

（8）了解宴会部主要菜肴的成本构成；

（9）了解宴会部日常运营的成本构成（宴会部每个月的人员经费、原材料采购、设施设备维护、办公费用、设施设备折旧大概是多少，各占整体运营多大的比例）；

（10）了解宴会部厨房的运转与管理；

（11）总结宴会部工作中做得好的方面和存在的问题，并提出改进建议；

（12）收集整理宴会部工作中出现的两个典型案例，并运用所学知识进行分析；

（13）了解本酒店宴会部的主要竞争对手有哪些，它们在哪些方面做得不错。

七、管理能力训练

根据实习情况，企业实习导师组织学生对宴会部运行中出现的典型案例，运用在校学习过的理论知识和实习中积累的实际工作经验进行深层次的分析和讨论，使理论学习与实践操作有机地结合起来，促进学生管理能力的提升。

八、推荐阅读

（一）专著

叶伯平. 宴会概论［M］. 北京：清华大学出版社，2015.

（二）期刊

1. 中国人民大学：餐饮经理人

2. 世界中国烹饪联合会：餐饮世界

（三）网站

1. 中国餐饮网（www.canyin.com）

2. 餐饮界（www.canyinj.com）

3. 职业餐饮网（jiudian.canyin168.com/hotelmanage）

（四）自媒体

微信公众号：宴会产业联盟、餐饮老板内参

第三节　酒店西餐实习指导书

一、岗位基本情况介绍

西餐以提供美式、法式或俄式餐饮为主,其出品和服务质量代表着酒店国际化管理的水准。西餐厅是对外形象及服务国内外宾客的关键部门,是餐饮部重要的组成部分。

西餐的主要业务包括餐前准备、领位、点单、席间服务、结账等服务内容。

二、岗位实习目标

学生通过顶岗实习,了解酒店西餐的服务与管理的相关知识,了解西餐厅的组织结构、岗位职责、功能及业务范围;掌握西餐餐前准备、客人用餐及餐后工作操作流程;树立酒店服务理念,积累经验,学会触类旁通,提升解决西餐厅运作中出现的问题及突发事件的能力。

三、岗位任职条件

(1)仪容仪表端庄得体,和蔼、热情、谦逊,表情自然大方。

(2)性格开朗,善于交际;品德良好,为人正派、诚实;责任心强,有吃苦耐劳精神。

(3)身体健康,有较强的自我情绪调节能力。

(4)有良好的人际关系处理能力,尊重领导,团结同事。

(5)有较强的语言能力、推销能力和应变能力,英语口语流利,反应敏捷,有较强的处理突发事件的能力。

(6)了解西餐菜肴烹调知识,掌握西餐设施设备及各种餐具、酒具、布草的使用和保养知识,能够按西餐服务工作的程序及要求标准完成本职工作,为宾客提供满意周到的服务。

四、岗位职责

(1)按标准完成营业前的准备工作。

（2）为客人预订、安排座位。

（3）为客人提供点菜服务，做好菜品、酒水的推销。

（4）及时征询客人意见和建议，尽量帮助客人解决就餐过程中的各类问题。

（5）为客人提供结账服务。

（6）做好客人用餐后的清理工作，并尽快按标准重新摆好台位。

（7）做好区域餐具、布草、杂项的补充与替换工作，设备及器皿的损坏与短缺应及时向上级汇报。

五、岗位工作内容与要求

（一）餐前准备

（1）按酒店要求检查仪容、仪表。

（2）餐前准备：

①清楚了解当天的订餐情况、推介项目、缺销品种。

②清楚工作分工与要求。

（3）餐台摆设及物品：

①餐厅里餐台摆设美观，便于人员流动；盆栽植物要符合要求。

②餐巾、台布干净，熨烫平整，没有任何污迹或破损。

③根据需要摆放合适的刀叉。刀叉干净，擦亮，款式相配。刀叉上的徽饰、图案无褪色。

④玻璃杯、瓷器餐具干净，无破损，款式相配。

⑤盐瓶和胡椒瓶干净，装满，瓶口无堵塞。调味品抹净，无变质。

⑥干净的糖盅内装有白糖、黄糖和代糖。

（4）工作台整齐放置足够的餐具、用品。

（二）餐位预订

（1）在电话铃响三声之内接听。

（2）接电话时，按规范要求恰当地问候客人。

（3）询问客人姓名，并在订餐过程中至少使用一次；然后询问用餐人数、就餐时间、房间号码或联系电话、吸烟区还是非吸烟区；最后复述并确认客人订台的有关细节要求，并向客人表示感谢。

（4）清楚、准确记录客人订台有关细节及特别要求。

（三）领位服务

（1）对有意向就餐的客人，迎宾员要热情问好，向客人介绍餐厅，并推介餐厅品种。

（2）客人到达餐厅后招呼客人。迎宾员面带笑容，手持餐牌，鞠躬、亲切、友善地问候客人。

①客人如已预订，则热情引领客人入座；如没有预订，则将客人引领至客人合适的座位。

②无座位时，询问客人是否可以等待，并告知大约等待时间；安排客人在休息处等待，为客人准备茶水；及时与餐厅沟通，了解餐位，以最快的速度为客人备好餐台。

（3）服务员主动上前向客人问好，协助迎宾员拉餐椅，铺餐巾。服务中与客人保持眼神交流，称呼客人姓氏，按先女后男、先宾后主的顺序进行服务。

（四）点菜服务

（1）准备好台图，以方便记录客人所点菜品、酒水。

（2）点菜前，要清楚了解餐牌上菜式的用料、烹调时间、配料等。

（3）在客人就座3分钟内为客人点菜。

①如客人点需较长时间烹制的菜品，要提醒客人需等候的时间。

②如客人点餐牌以外的菜品，应请客人稍等，马上询问厨师能否满足客人要求，尽快回复客人；如不能满足客人要求时，应介绍类似的品种。

（4）准确记录客人的点菜内容，并向客人复述所点菜品。

（5）向客人致谢，请客人稍候。

（五）上菜及席间服务

（1）摆位：根据客人的点菜调整所需的刀、叉。

（2）点菜后在规定的时间内上菜。

①上菜时，重点关注食品与餐牌上的描述是否相符，温度是否合适，是否按客人要求烹制。

②按先女后男、先宾后主、顺时针方向进行服务，按台图正确规范地为每一位客人上菜，为客人报上菜名。

③如有餐碟较烫等特殊情况，应提醒客人注意。

④请客人慢用。

（3）根据上菜要求撤走用完的餐具、刀叉，更换所需的刀叉。

（4）在客人喝完杯中的咖啡、茶后及时为客人添加，并留意糖、奶是否需要添加。

（5）在客人用餐接近尾声时，询问客人对服务及菜品的意见和建议。

（六）结账服务

（1）在客人结账前准备好账单；账单应清晰、正确地列出各项明细，放在干净、完好的账单夹里，并附上签字笔。

（2）在客人提出结账后及时在客人右边呈上账单。

（3）询问客人付款方式，需确保是酒店受理的方式范围内。

①如客人现付，询问客人付款方式，按规定程序结账并道谢。

②如客人需要挂账，应先核实客人挂账资格，确认无误后将日期、人数、标准、费用总额填写清楚，请客人签名确认，以便事后结账查对。

（4）客人离开时，服务员应上前为客人拉餐椅，提醒客人带齐随身物品，欢迎客人再次光临。

六、实习任务

（一）岗位适应阶段（实习到岗后3个月内）

（1）建立融洽的同事关系；

（2）了解实习酒店西餐厅的组织结构及人员配备情况；

（3）了解实习酒店西餐厅在餐饮部的地位、作用及业务范围；

（4）熟悉本岗位的工作流程、标准；

（5）熟练运用酒店餐饮管理软件系统。

（二）业务提升阶段（实习到岗后3个月至实习结束前1~3个月）

（1）熟练运用酒店餐饮管理软件系统；

（2）掌握西餐服务技巧；

（3）掌握西餐推销知识与技巧；

（4）了解西餐厅相关岗位的工作流程、标准；

（5）了解西餐厅排班依据。

（三）能力拓展阶段（实习期结束前1~3个月）

（1）了解和掌握餐饮成本的控制；

（2）掌握餐饮部常用报表的制作和分析方法；

（3）了解西餐厅领班、主管的工作内容及业务流程；

（4）了解西餐厅经理的岗位职责与工作内容；

（5）总结本部门工作中做得好的方面和存在的问题，并提出改进建议；

（6）收集整理本部门工作中出现的两个典型案例，并运用所学知识进行分析。

七、管理能力训练

根据实习情况，企业实习导师应定期组织学生对西餐厅运行中出现的典型案例进行深层次的分析和讨论，使理论与实践有机地结合起来，促进学生管理能力的提升。

八、推荐阅读

（一）专著

1. 董家彪. 餐饮服务与管理［M］. 北京：旅游教育出版社，2015.

2. 刘宝丽. 酒店西餐服务员精细化操作手册［M］. 漫画图解版. 北京：人民邮电出版社，2012.

（二）期刊

1. 中国人民大学：烹饪艺术家

2. 中国人民大学：餐饮经理人

3. 《美食与美酒》杂志社：美酒与美食

（三）网站

1. 中国餐饮网（www.canyin.com）

2. 职业餐饮网（jiudian.canyin168.com/hotelmanage）

（四）自媒体

微信公众号：餐饮界、小时餐饮时报

第四节 酒店酒吧实习指导书

一、岗位基本情况介绍

目前几乎所有的酒店都设有酒吧，有的酒店甚至有多个酒吧，而酒吧正朝着多功能、多样化的方向发展。酒吧的设备设施越来越先进，酒水的品种也越来越多。酒吧是酒店创造经济收入的关键部门和主要运作部门之一。

酒吧岗位根据酒店规模不同一般设酒吧管理人员、调酒师、酒吧服务员等。酒吧岗位工作业务主要包括酒水调制、酒水服务、收银结账、酒水销售与成本控制等。

二、岗位实习目标

学生通过顶岗实习，了解酒店酒吧运营与管理的相关知识与技能，了解酒吧的组织结构、岗位职责、功能及业务范围；掌握酒水推销、酒水调制、服务与储存管理等主要业务流程和工作内容；掌握酒单、每日酒吧营业收入报表的制作以及酒吧市场调研与分析方法；树立酒店服务理念，积累经验，学会触类旁通，提升解决酒吧运作中出现的问题及突发事件的能力。

三、岗位任职条件

（1）仪容仪表端庄得体，和蔼、热情、谦逊，表情自然大方。

（2）身体健康，有较强的自我情绪调节能力。

（3）性格开朗，善于交际；品德良好，为人正派、诚实；责任心强，有吃苦耐劳精神。

（4）有较强的语言能力和应变能力，英语口语流利，反应敏捷，有较强的处理突发事件的能力。

（5）掌握吧台操作技能、服务与酒水销售服务，能够熟练、准确地按操作程序完成本职工作，为宾客提供满意周到的服务。

四、岗位职责

（1）了解顾客需求。

（2）做好酒吧服务工作。

（3）掌握常用鸡尾酒的调制技术。

（4）熟悉各种酒水、饮料的相关知识及陈列、保存方法。

（5）掌握酒水饮料的盘存方法、做好成本控制工作。

（6）按规定验收、保管、发放酒水。

（7）制作酒吧营业日报表等表格。

（8）严格执行卫生操作标准。

五、岗位工作内容与要求

（一）营业前准备

1. 酒吧清洁

包括吧台与工作台、冰箱、地面、酒瓶与罐装饮料表面、酒杯工具、酒吧内桌椅的清洁。

2. 领货工作

（1）领酒水：每天按酒吧所需领用的酒水（参照酒吧存货标准）数量填写酒水领货单，送酒吧经理签名，拿到仓库交保管员取酒发货。

（2）领用酒杯和瓷器：酒杯和瓷器容易损坏，领用和补充是日常要做的工作。需要领用酒杯和瓷器时，要按用量规格填写领货单，再拿到仓库交保管员发货，领回后要先清洗消毒才能使用。

3. 补充酒水

将领回来的酒水分类堆好，需要冷藏的酒水饮料放入冷藏柜中。补充酒水一定要遵循先进先出的原则，以避免因酒水存放过期而造成浪费，特别是鲜果汁、鲜奶等保质期短的饮品。

4. 酒水记录

值班的调酒员应每天清点酒水数目，记录在案，以便上级检查。

5. 酒吧摆设

摆设主要原则是美观大方、有吸引力、方便工作和展示专业性。

6. 调酒准备

（1）配料如辣椒油、胡椒粉、盐、糖、豆蔻粉等放在工作台前面，以备调制时取用。鲜牛奶、淡奶、菠萝汁、番茄汁等，打开罐装入玻璃容器，存放在冰箱中。橙汁、柠檬汁要先稀释后倒入瓶中备用，存放于冰箱中。其他调酒用的汽水也要放在伸手拿得到的位置。

（2）水果装饰物：橙角、柠檬片、柠檬角等预先切好，橄榄、红樱桃等从瓶中取出少量放在杯中备用。

（3）各种器具：将酒杯、酒具清洗消毒后按规范放好，各种工具用餐巾垫底排放在工作台上，量杯、酒吧匙、冰夹要浸泡在干净水中。杯垫、吸管、调酒棒和鸡尾酒签也要放在工作台前。

7. 更换棉织品

营业前更换酒吧运营中所需的棉织品，如餐巾、台布、净布等。

8. 工程维修

营业前要仔细检查各类电器、所有家具、酒吧台、椅、墙纸及装修有无损坏，如有损坏，应及时报修。

9. 单据表格准备

营业前检查各种所需单据、表格是否备齐。

（二）营业接待

1. 礼仪引领送客服务

（1）客人来到门口，主动上前问候。

（2）等客人回答后，按照客人要求将其引领至指定区域。

（3）将客人交给指定区域的服务人员来接待。

（4）回到原来的位置，认真填写客人位置图（包括客人人数、时间以及位置），等候下一批客人。

（5）确定客人要走时，应礼貌地邀请客人再次光临，并目送客人。此时可向客人征询对本店各项印象及建议与意见。

2. 吧台服务员接待

（1）点选酒水与填单服务程序。

①站位。恭敬地站在客人身侧约30厘米处，真诚为客点单服务。

②呈送酒水牌。用双手递送给客人，恭候客人点选。

③记单。记录时，不可俯身将点酒单放置于客人面前的餐台上。为了减少差错，酒单上需填写座号或台号，服务员姓名，酒水品种、数量、价格及特殊要求等。

④推销。适时、适度地为客人介绍酒品，描述语言简洁明了，给客人留以思考和比较选择的时间。

⑤倾听。集中精神注意观察客人的表情，与客人交谈时声音应以能使客人听清且不干扰其他客人为标准。

⑥复述报单。客人点酒完毕时，用清晰的语言重复客人所点的酒水名称及数量。

⑦特殊处理。对客人提出的特殊要求，在客观条件允许的情况下，方可对客人作出承诺，并在点酒单中加以明确说明。

⑧致谢。点酒结束后要及时收回酒水牌，并向客人表示谢意。

⑨按规范要求落单。

（2）点单推销技巧。

①介绍。

a. 先推介高价位酒水后再推介中低价酒水，可根据客人类型灵活对待。

b. 向男士推介洋酒、红酒或啤酒，向女士推介饮料、雪糕等。

②语言技巧。

a. 初次推销可提供两种酒水或饮料，供客人选择；此时应观察客人的反应，主动引导客人，不可忽视女性客人；重复客人所点的酒水名称，择机加推小食品。

b. 中途推销应把握时机，一般在客人快喝完时应根据客人具体情况进行加推。

③身体语言的配合。与客人讲话时，目光注视对方，以示尊重；半跪式服务时上身微倾，尽量靠近客人讲话，不要距离太远；客人讲话时，随时点头附和，以示听清，若没有听清，可礼貌地请客人重复。

④利用推销经营手段获取高额利润。

a. 熟记客人姓名和爱好。

b. 熟悉饮料、酒水，了解所推销的食品、饮品的品质及口味。

c. 客人不能决定要什么时，为客人提供建议，介绍高价、中价、低价多款式，由客人去选择。

d. 不断为客人斟酒。

e. 收空杯、空盘时，应礼貌地询问客人还需要加点什么。

f. 根据不同类型的客人进行各种方式的推销，男士主推酒类、女士主推饮料。

g. 根据客人的地域、民族特点及喜好进行推销。

h. 根据客人所用的各种酒水加推各种小食。

（3）酒水饮料服务程序。

①示瓶。站在客人的右侧，左手托住瓶底，右手握住瓶颈，酒标朝向客人并做示瓶动作，以便客人辨认，鉴定酒品质量。

②开瓶。首先将瓶身瓶口抹干净，开瓶时应减少晃动，根据酒品饮料的特点采用合适的开瓶方式。

③醒酒。为了让葡萄酒在饮用时的香味更香醇，可以预先开瓶，其功效在于让酒稍微氧化，使酒的味道柔顺一些，特别是还没到成熟期的红葡萄酒，先开瓶透气可避免饮用的时候单宁太多。因此，在饮用前将酒瓶瓶口打开或将酒水倒入杯中约半小时为好。

④滗酒。为避免斟酒时产生混浊现象，应先用过酒器滗去沉渣以确保酒液纯净。具体做法是：将酒瓶竖立若干小时，使沉渣积淀于瓶底，然后慢慢将酒液滗入过酒器。

⑤冰镇。白葡萄酒或香槟酒等酒水出品时需要冰镇。冰桶中放入新鲜冰块，酒瓶插入冰块中；酒杯向上，再用一块白色餐巾搭在瓶身上，连同冰桶一起送至客人桌上。

⑥溜杯。溜杯是冰杯的一种。手持杯脚，杯中放入一块冰块，然后顺时针方向摇转酒杯，直至杯壁凝结一层薄冰霜，从而达到降低杯的温度的目的。

⑦温烫。主要有水烫法、火烧法、燃烧法三种方法。

⑧斟酒。斟酒时按照先客后主、先女后男的顺序顺时针方向斟倒；瓶口不能碰到酒杯，应将酒缓缓倒入杯中；倒入酒杯的量视酒水不同而定，一般红葡萄酒1/2（杯），白葡萄酒2/3（杯），白兰地、威士忌等洋酒1盎司，啤酒、香槟酒、中国白酒等其他酒水为八分满。倒完酒后将瓶子抬起，向内旋转一下瓶子，避免酒液溅到客人或桌布上，并用白布轻擦瓶口，保证下次倒酒时瓶口干净。当客人杯中的酒不足时，要为客人添酒。

⑨配制。使用混合饮料服务时，首先礼貌询问客人各种配料的比例；将盛有主饮料的杯子放在客人右手侧，从配酒杯中斟倒配加饮料，直至客人所要求的量。

（4）结账送客程序。

①准备工作。当班前准备好各种资料及一定数量的备用金，注意核对数量，认真填写领用单或进行登记。

②准确记账。开吧后，根据值台服务员的报告，按台面和座位序号记清每个或每批顾客所用的酒水的品种、数量及价格，中途所添加及删减的内容，也要及时记载。

③准确、迅速结算。在与顾客结算前，收银员要与值台服务员核实所用的酒水的品种、数量。结账时，要报与顾客再对一遍。无误后，迅速按收据栏目开发收据，收找钱要唱收唱付，防止差错。

（5）送客。

①客人离座要离开时，应马上上前为客拉座。

②客人走后，及时清洁台面，发现客人遗留物应及时还给客人；如客人已离店，必须将客人遗留物品上交处理。

3. 吧台调酒师出品

（1）熟悉标准配方。熟悉酒水标准配方中规定酒水产品的名称、品牌、类别、产品标准容量、标准成本、售价、标准成本率、各种配料名称、规格、用量及成本、标准酒杯及配方制定日期等。

（2）使用标准量器。

（3）严格标准配制程序。如酒杯的降温程序、鸡尾酒装饰程序、鸡尾酒配制程序、使用冰块数量、鸡尾酒配制时间、操作姿势等。

（4）严控标准成本。

（5）规范标准价格。

（三）营业后整理

营业后的工作程序包括清理酒吧、完成每日工作报告、清点酒水、检查火灾隐患、关闭电器开关等。

1. 清理酒吧

（1）营业时间到点，客人全部离开后，才能开始清理酒吧。

（2）将酒杯等酒具送洗消毒后取回酒吧。

（3）将陈列酒水按规范保存，将需丢弃的饮料按规定处理。

（4）酒水存放柜上锁，防止失窃。

（5）填写、整理营业单据、表格。

（6）做好酒吧卫生清洁工作。

（7）清空垃圾，清洗垃圾桶。

2. 清点酒水

实地清点存货。将实地盘存结果与酒水库存记录表中的记录进行比较，有助于发现差异，以便及时采取适当措施。

3. 每日工作报告

下班之前认真、如实填写好每日工作报告。报告内容一般包括：当日营业额、客人人数、平均消费、特别事件和客人投诉，便于上级掌握各酒吧的营业详细状况和服务情况。

4. 收尾工作

（1）将所有的门窗锁好。

（2）将当日的供应单与工作报告、酒水调拨单报送到酒吧经理处。

（3）将第二天的酒水领料单提前投放到仓库的领料单收集箱内。

六、实习任务

（一）岗位适应阶段（实习到岗后3个月内）

（1）建立融洽的同事关系；

（2）了解实习酒店酒吧的组织结构及人员配备情况；

（3）了解实习酒店酒吧在餐饮部的地位、作用及业务范围；

（4）熟悉酒吧的工作流程、标准；

（5）了解酒吧日常工作质量管理方法。

（二）业务提升阶段（实习到岗后3个月至实习结束前1~3个月）

（1）熟练运用酒吧收银软件系统；

（2）掌握酒吧服务技巧；

(3) 掌握酒水推销技巧；

(4) 了解酒吧相关岗位的工作流程、标准；

(5) 了解酒吧排班依据。

（三）能力拓展阶段（实习期结束前1~3个月）

(1) 了解酒吧酒水成本的控制方法；

(2) 掌握酒吧常用报表的制作和分析方法；

(3) 了解酒吧领班、主管的工作内容及业务流程；

(4) 了解酒吧经理的岗位职责与工作内容；

(5) 总结本部门工作中做得好的方面和存在的问题，并提出改进建议；

(6) 收集整理本部门工作中出现的两个典型案例，并运用所学知识进行分析。

七、管理能力训练

根据实习情况，企业实习导师定期组织学生对酒吧运行中出现的典型案例进行深层次的分析和讨论，使理论与实践有机地结合起来，促进学生管理能力的提升。

八、推荐阅读

（一）专著

1. "思维格局文库"编委会. 世界500强企业培训经典大全集［M］. 福州：福建科学技术出版社，2017.

2. 徐子清. 如何管员工才会听，怎么带员工才会干［M］. 沈阳：辽宁人民出版社，2016.

3. 邹舟. 酒吧经营管理之道［M］. 北京：中国宇航出版社，2008.

4. ［法］佛多·迪夫思吉. 酒吧圣经［M］. 龚宇，主译. 上海：上海科学普及出版社，2006.

5. ［意］詹弗朗哥·蒂·尼索，戴维德·曼佐尼. 经典调酒圣经［M］. 北京：北京美术摄影出版社，2015.

6. ［法］费尔南多·卡斯特隆. 情迷鸡尾酒：550款世界顶级鸡尾酒［M］. 曾锋，译. 南京：江苏科学技术出版社，2014.

（二）期刊

1. 《美食与美酒》杂志社：美酒与美食

2. 北京食品科学研究院：食品科学

3. 中国酿酒信息中心、贵州省轻工科研所：酿酒科技

（三）报纸

中国食品报

（四）网站

1. 葡萄酒与烈酒教育基金会（www.wset-china.com）

2. 中国酒业协会（www.cada.cc）

3. 中国酿酒网（www.zgnj.org）

4. 苏荷酒吧网（www.sohobar.com.cn）

5. 职业餐饮网（www.canyin168.com）

6. 迈点网（www.meadin.com）

（五）自媒体

微信公众号：FashionIdeas、品乐侍酒订阅号、侍酒师画报、醇美弥香、葡萄酒、红酒世界网、聆听葡萄酒、朱利安葡萄酒

第五节　酒店餐厅收银员实习指导书

一、岗位基本情况介绍

收银工作是记录饭店营业收入的第一步，也是财务管理的重要环节之一。它要求每一名收银员熟练地掌握结账、开具发票及编制报表等工作内容及工作程序，并对酒店的营收起到监督、把关的职能作用，为下一步的财务核算奠定良好的基础。

二、岗位实习目标

学生通过顶岗实习，了解酒店餐厅收银服务与管理相关知识，了解和掌握餐厅、酒吧等各营业点的收入结算流程；根据每天、每班的票据、款项和账单编制相应的营业报告；树立酒店服务理念，积累经验，学会触类旁通，提升解决酒店收银运作中出现的问题及突发事件的能力。

三、岗位任职条件

（1）仪容仪表端庄得体，表情自然大方，身体健康。

（2）性格稳重，认真细致，责任心强，对数字敏感。

（3）为人正派诚实，坚持原则，有较强的情绪调节能力。

（4）有较强的语言能力和应变能力，反应敏捷，有较强的处理突发事件的能力。

（5）掌握收银操作技能，能够熟练、准确地按操作程序完成本职工作，为宾客提供细致周到的服务。

四、岗位职责

（1）做好班前准备工作。

（2）准确提供结账服务。

（3）熟悉现金、信用卡、支付宝、微信二维码、挂账等不同方式结账流程。

（4）掌握餐饮收银系统的操作方法。

（5）核准本班次现金收入。

（6）掌握餐饮营收报表制作方法。

（7）掌握开具发票的方法及要求。

（8）熟悉相关财务、收银制度。

（9）按时完成上司指派的工作。

五、岗位工作内容与要求

（一）班前准备工作

（1）餐厅收银员依照排班表的班次于上岗前签到，由餐厅收银领班监督执行，并编排报表。

（2）收银员与领班或主管一起清点周转金，无误后在登记簿上签收，班次之间必须办理周转金交接手续，并在餐厅收银员周转金交接登记簿上签字。

（3）领取该班次所需使用的账单及收据，检查账单及收据是否顺号，如有缺号、短联应立即退回；下班时将未使用的账单及收据办理退回手续，并在账单领用登记簿上签字；餐厅账单由主管管理，并由主管监督执行。

（4）检查电脑系统的日期、时间是否正确，如有日期不对或时间不准，应及时通知领班进行调整；检查验钞机、打印机、银行刷卡机是否正常工作，检查打印色带、纸带是否足够。

（5）查阅餐厅收银员交接记事本，了解上一班次遗留问题，以便及时处理。

（二）收银操作程序

1. 客人散点

（1）收到餐厅服务人员从电子点菜器传来的点菜单、酒水单等信息后，打印出来留下收银联，顾客联由服务员交给客人。

（2）如有取消菜式的，审核取消单上的台号、时间是否正确，是否有经手人、餐厅经理及出品部人员签名，确认有关手续后，录入电脑进行冲减操作。

（3）结账：

①确认台号，将服务员送回的点菜单顾客联与收银联核对，如有调整应立即询问服务员，确认所有消费项目录入无误后打印账单。

②各种折扣和优惠方式按酒店有关规定执行。

③将点菜单顾客联钉在账单后面，由服务员交与客人结账。

④按不同付款方式进行结账处理，将结账方式录入电脑，完成结账操作。

⑤将找零、信用卡签购单持卡人联、账单顾客联等交服务员送回给客人。

⑥如客人要求提供发票的，请客人准确提供相关信息，按规定打印发票，由服务员交给客人，并请服务员在收银账单上签名；境外客人可按其要求打印酒店格式发票。

⑦账单要按不同结账方式盖章，并分类放好。

2. 团体宴会

（1）收取宴会订金时，凭"订餐通知单"上注明的金额收取客人订金，开出的收据必须注明交款人姓名、订餐内容、时间，经手人必须签全名；收据盖章联交给客人，并说明退款或结账时必须交回收据；收据记账联连同现金一起交财务部；收取订金必须在"订金登记本"上作记录。

（2）根据团体宴会通知单，在结账前把预订菜单导入电脑；如需增加消费项目的，则按散点方法处理。

（3）结账时冲减订金的，当天订金未上交的，收回的收据连同记账联钉回存根处，注明"作废"字样，结账按正常程序处理；如订金已上交，必须把订金收据顾客联收回钉在账单上，订金部分按挂账方式处理。

（三）各种付款方式的处理

1. 现金

（1）收到服务员交来的现金时，要当面清点并检查钞票的真伪，按照消费金额进行多退少补，并在电脑中作现金结账处理。

（2）客人支付外币的，先请客人到前台收银处兑换人民币，或应客人要求由服务员代为兑换。

（3）把各种消费单据和账单钉在一起。

2. 信用卡

（1）确认信用卡为本酒店受理范围，并检查卡上日期是否过期，签名式样是否预先签署。

（2）通过银联刷卡机进行消费操作，确保输入金额正确无误，并打印出签购单。

（3）把签购单和账单一起交给服务员，请客人在签购单上签名确认。

（4）服务员送回已签名的签购单后，检查签名是否和信用卡上的式样一致，确认无误后把签账单持卡人联和账单顾客联交给服务员送与客人。

（5）把信用卡特约单位联与账单及其他消费单钉在一起，其余一联待下班后与现金一起放入进缴款袋中。

3. 团购、微信、支付宝及其扫二维码等收款程序

（1）确认本酒店接受此类付款方式。

（2）按照酒店优惠政策给予客人相应折扣。

（3）确认客人付款信息。

（4）在电脑和客人账单上做好付款方式的备注和相关信息记录。

4. 房客签账

（1）住店客人要求签账的，应先出示房卡。

（2）在电脑中检查该客人是否可挂房账，如有疑问可询问前台收银员；若查实客人不可挂房账的，向服务员说明原因，并请其向客人解释。

（3）可挂房账的，打印出账单后，交给服务员请客人在账单上写上正楷姓名和房号并签名。

（4）收回已签名的账单后，核对客人名字与房号是否和电脑记录的一致，确认无误后，选择挂房账方式进行结账处理。

（5）把房卡交给服务员退还给客人。

（6）在房账登记本上登记客人姓名、房号、消费金额、消费时间，账单首联在下班时送前台收银处，并请前台收银员在登记本上签收；其他消费单据钉在账单第二联后面。

5. 外客签账

（1）确认客人是否在酒店可挂账客户名单之内，消费金额是否在酒店规定的信用额度之内。

（2）如属单位挂账，须告知服务员挂账单位授权签单人姓名；非挂账单位授权人签名挂单位账的，须持挂账单位临时书面授权书；收银员要检查消费金额是否在授权书消费限额内。

（3）如属临时挂账客户（不在酒店可挂账客户名单之列的），必须严格按照酒店关于挂账的规定执行，由有权限的管理人员书面同意或担保。

（4）打印出账单后，交给服务员请客人在账单上签名并注明挂账单位名称；旅行团挂账的，只可由领队签名，收银员不得把消费情况透露给任何其他团客。

（5）服务员交回已签名的账单后，收银员必须核对账单上的签名与客人预留签名是否相符。

（6）账单首联和挂账授权书在下班时与现金一起放进缴款袋中，消费单据钉在账单第二联后面。

6. 员工签账

（1）公务招待。事先由使用者填写"招待申请单"，按酒店规定的程序和权限审批后交餐厅收银员，结账时请使用者在账单上签名确认；消费金额超额度部分挂入员工私人账，请签账员工到财务部办理补授权手续；"招待申请单"钉在账单上面，相关消费单据钉在账单后面。

（2）私人签账。使用人必须在总经理签发的准予签私人账名单之内；服务员点菜时，由使用者先声明，并注明"员工消费"字样；点菜信息导入电脑后，按酒店规定的折扣计算后，打印账单，请使用人在账单上签名确认；账单参照挂账方式处理。

（3）员工付现消费。员工在餐厅付现消费如需享受酒店相关折扣优惠的，服务员点菜时需在单上注明"员工消费"字样，结账时请消费员工在账单签名确认。

（四）其他账务处理

（1）不属于餐饮项目的其他收入全部列入杂项收入，如装饰费、设备出租费等。

（2）由经办人填制"杂项收入凭单"，注明收费项目和金额，请餐厅经理级以上人员签名确认，交餐厅收银员结账。

（3）结账后，把"杂项收入凭单"与相关消费单据一起钉在账单后面。

（五）账单处理

（1）消费结账前，必须先打印账单。

（2）客人要求分单、转台的，收银员应先在电脑中进行分单、转台操作，再打印出账单。

（3）如需取消账单重新打印的，必须在原账单上注明原因，并经餐厅经理以上人员签名确认。

（4）每班账单编号必须连续，相关消费单据必须附在对应的账单后面，账单按不同结算方式分类整理。

（六）每班完结工作

（1）所有收银员在下班时，打印当班收银报表一式两份。

（2）清点现金，核对信用卡、餐券、各种签账单与收银报表是否一致。

（3）更正错账项目，每项更正必须详细注明原因；打印更正表并签名。

（4）将现金及相关单据放入投款袋封好，其中包括：信用卡银行联、挂账签单首联、当班营业报表及更正表各一份。

（5）按不同结算方式分类整理账单。

（6）做好交接班工作，对重要事项一定要以书面形式交接，并提醒接班人员注意；下班前清理工作台，搞好卫生。

（7）通知保安员陪同按规定路线送款，并按规定程序把投款袋投入前台专设保险柜中；备用金连同交班表一起放进小钱箱内送到前台保存；所有账单连同报表一起交核数员审核。

（七）下班时现金及账单交接程序

1. 现金交接程序

餐厅收银员编制报告完毕后，将所收的现金数额分别填写在现金袋上，然后将现金装入袋内。要求内装现金与现金袋上记录的金额一致，并在现金收入交收记录簿上签字，办理现金交接手续。在收银员的监督下将现金袋放入保险柜中；收银员下班时，由接收人一一清点现金口袋及核对现金袋上的金额与现金交收记录簿金额是否一致，无误后在转交人姓名栏内签名，a、b、c、d班以此类推，手续不变，直到第二天总出纳清点为止。

2. 客账单交接程序

客账单交接程序分为两类：一类是已使用的，将已使用过的客账单按顺序号排好，用客账单分配表包捆好，放到指定位置，供夜间核数员审核用。另一类是未使用过的，要检查一下与已使用过的客账单最后一张是否连号，无误后，办理退还手续，在餐厅收银客账单领用登记簿的退回处签字；如下班次继续使用时，在领用栏内签字办理交接手续。当天工作结束时，应将未使用的客账单退回主管处，并办理退回签字手续。

六、实习任务

（一）岗位适应阶段（实习到岗后3个月内）

（1）建立融洽的同事关系；

（2）了解实习酒店收银分部的组织结构及人员配备情况；

（3）了解实习酒店收银在财务部的地位、作用及业务范围；

（4）熟悉餐厅收银的工作流程、标准；

（5）熟练运用酒店管理软件系统财务模块。

（二）业务提升阶段（实习到岗后3个月至实习结束前1~3个月）

（1）熟练运用酒店管理软件系统；

（2）掌握餐厅收银业务技巧；

（3）掌握处理客人投诉技巧；

（4）了解收银相关岗位的工作流程、标准；

（5）了解餐厅收银排班依据。

（三）能力拓展阶段（实习期结束前1~3个月）

（1）了解餐饮成本的控制；

（2）掌握收银常用报表的制作和分析方法；

（3）了解收银领班、主管的工作内容及业务流程；

（4）了解财务部经理的岗位职责与工作内容；

（5）总结本部门工作中做得好的方面和存在的问题，并提出改进建议；

（6）收集整理本部门工作中出现的两个典型案例，并运用所学知识进行分析。

七、管理能力训练

根据实习情况，企业实习导师定期组织学生对餐厅收银运营中出现的典型案例进行深层次的分析和讨论，使理论与实践有机地结合起来，促进学生管理能力的提升。

八、推荐阅读

（一）专著

1.王兰会.酒店财务部精细化管理与标准化服务［M］.北京：人民邮电出版社，2016.

2.陈安萍.酒店财务管理［M］.北京：中国旅游出版社，2012.

（二）期刊

传奇故事杂志社：酒店精品

（三）报纸

中国旅游报

（四）网站

最佳东方网（www.veryeast.cn）

（五）自媒体

微信公众号：酒店人、迈点

第六节　酒店中厨实习指导书

一、岗位基本情况介绍

中厨是中餐菜点的生产部门，主要岗位有：打荷、粗加工、细加工、冷菜、烧腊等。按照出菜风味的不同，可分为粤菜厨房、鲁菜厨房、川菜厨房等；按照就餐形式的不同划分，可分为自助餐厨房、宴会厨房、零点厨房等。通常按照菜点的制作工艺流程来设计厨房的岗位数量。不同酒店的厨房由于经营方向的不同，特色菜点也不尽相同，其厨房设计的岗位数量也有所区别。

中厨的主要业务包含原料的加工、配菜、冷热菜的制作、中式面食制作等。

二、岗位实习目标

学生通过顶岗实习，了解中厨的运营过程，以及中厨的组织结构、岗位职责、功能及业务范围；掌握厨房生产主要业务和工作内容；培养学生敬业爱岗的精神，以及理论联系实际、灵活运用专业知识与技能、满足客人需求并解决问题之能力。

三、任职条件

（1）身体健康。

（2）为人正直、诚信，责任心强，有较强的自我情绪调节能力。

（3）有满足岗位需要的语言能力和应变能力，反应敏捷，有较强的处理突发事件的能力。

(4)掌握厨房操作技能，能够正确使用各种中厨设备。

四、岗位职责

(1)原材料洗涤、加工。

(2)菜点的初步熟处理和腌制。

(3)协助准备工具、餐具和收档。

(4)协助成本核算工作，负责上级安排物品的盘点统计工作。

(5)做好每日检查表格填写、分析、统计和报送的工作。

(6)协助上级做好备餐、开餐和收餐的检查工作。

(7)完成上级临时交办的工作任务。

五、岗位工作内容与要求

（一）打荷岗位工作内容

1. 准备工作

(1)确认装盘餐具数量、质量符合酒店备餐标准和要求；

(2)调制各种糊、脆浆；

(3)为烹制菜肴准备各种半成品的原料；

(4)准备自己用的筷子和抹布；

(5)准备花纸、威化纸、锡纸、剪刀、钳夹等用品和工具；

(6)准备开锅垫、垃圾桶、码斗桶；

(7)补充各种调味品；

(8)准备好装饰需要的围边原料。

2. 出菜工作

(1)餐中对出品的菜品进行装饰；

(2)核准菜单准确及时上菜；

(3)检查菜单并及时安排超时间菜肴先烹制并及时出菜。

3. 收档工作

(1)检查领用的调料有无过期、变质的现象；

(2)将合格的调料入料库，整齐摆放并登记入账；

(3)对使用的调料随时登记；

(4)整理料橱，整齐摆放各种调料；

（5）查看货卡是否相符；

（6）需进购的调味料，做好进购计划；

（7）将剩余的餐具放回到洗碗间内；

（8）炒锅用的锅垫收起，放在码斗桶中；

（9）将剩余的干料封打保鲜膜存放好；

（10）剩余的湿原料，下一餐能用的，入冷藏库存放。

（二）海产品粗加工岗位工作内容

1. 准备工作

（1）将当天新到的海产原料拿出，查看原料是否符合质量要求；

（2）根据"食品原材料采购计划单"，查看海产原料有无未进到的原料；

（3）对质量不符合要求的海产原料上报；

（4）将不需要解冻的海产原料入海产冷库；

（5）将来不及加工的海产原料按照需要冷藏或是冷冻；

（6）将当天进购的海产原料，有需要解冻进行加工的原料，进行解冻；

（7）从冷柜中取出当天需要的原料，进行解冻。

2. 粗加工

（1）备齐海产刀、海产墩、鱼鳞刮刀等工具；

（2）将废料盒摆放于砧板旁边；

（3）根据要求加工海产品备用；

（4）属冷菜用的原料送到冷菜间；

（5）属热菜蒸制的原料送到蒸位进行加工；

（6）将加工好的原料装入容器内封打保鲜膜。

3. 收档工作

（1）对剩料进行整理；

（2）将剩余的海产品整齐地存放于海产冷库内；

（3）查看冷库内原料是否有变质的现象；

（4）对存在的问题填写"食品安全检查卡"；

（5）查看冷库内的原料是否整齐排列，原料是否打保鲜膜；

（6）定期除霜，填写"冷库除霜卡"；

（7）把砧板、刀、刮鳞刀、垃圾盒用白醋消毒，填写"消毒记录卡"。

（三）海产品细加工岗位工作内容

1. 准备工作

（1）检查海产品粗加工完成的情况，对存在的问题及时纠正；

（2）将点菜牌中所需的海产原料解冻备用；

（3）将需加工的海产原料解冻准备加工；

（4）放下海产墩，拿出废料盒、海产刀、抹布；

（5）加工常用的海产配料，如虾仁等；

（6）检查海产品的加工是否符合标准，对粗加工不合格的海产原料进行演示操作，指导粗加工厨师应该如何操作；

（7）让粗加工厨师按示范的过程再操作一遍，并在现场指导。

2. 细加工

（1）将已解冻的海产原料拿到砧板备加工；

（2）准备盛放海产原料的海产盒子；

（3）按要求加工海产原料；

（4）按比例、标准进行海产原料的腌制；

（5）将腌制好的海产原料盛入容器内；

（6）将装入容器内的原料抹上一层油，打上保鲜膜；

（7）将原料整齐地存放于海产冷库内；

（8）核算原料的净料率。

3. 收档工作

（1）查看当餐海产原料的使用情况；

（2）海产原料剩余较少的，进行补充或加工；

（3）备料不足的海产原料，做好"每日原料审购计划单"；

（4）将用过的海产刀、海产墩、废料盒等用具收档；

（5）将盛放海产原料的容器洗净；

（6）将剩余的海产原料封打保鲜膜入冷库；

（7）检查各种海产原料有无变质现象；

（8）检查存放的海产原料有无不打保鲜膜的现象；

（9）检查海产冷库内的原料是否存放整齐；

（10）将变质的海产原料填入"原材料报废申报表"上报，请相关部门人员鉴定。

（四）蔬菜粗加工岗位工作内容

1. 准备工作

（1）检查蔬菜使用是否遵循先进先出的原则；

（2）清理菜架前一天所剩蔬菜，可用的优先使用；

（3）查看当天新进蔬菜是否合乎要求；

（4）将检查结果记录在"原料检查记录表"上。

2. 分类存放

（1）按照带泥土、杂物多的青菜放在下层的原则存放蔬菜；

（2）将高档菜、净菜放入保鲜冷库内，净菜放上层，未加工的蔬菜放下层；

（3）将绿色青菜放在菜架上层；

（4）将根茎类的蔬菜放在菜架下层。

3. 粗加工

（1）将菜刀、生墩、筐子等备齐；

（2）准备垃圾桶，将码斗送至砧板；

（3）查看已加工好的青菜是否够开餐用；

（4）加工、挑拣备量不足的青菜、瓜果、根茎类等蔬菜；

（5）水池中放满水，若洗西蓝花等虫子多的菜，水中要加盐；

（6）将青菜浸泡于水池中；

（7）将油菜等整棵的青菜，逐棵冲洗净菜心内夹带的泥沙；

（8）将砧板加工完的青菜（西芹等）冲洗干净；

（9）将洗好的青菜盛放入菜筐中，下面垫不锈钢盘子存放；

（10）应该泡水的蔬菜，盛入生料盒子中用水浸泡；

（11）根据需要将加工好的蔬菜送到各个部门使用。

4. 收档工作

（1）剩下蔬菜处理放入冷库，整齐存放；

（2）查看下一餐的青菜备量是否充足；

（3）备量不足的菜品要及时加工或作出采购计划；

（4）将码斗、不锈钢盘子、砧板等工具进行消毒；

（5）将工具以及容器分类摆放整齐分别存放于肉类、海产粗加工间内；

（6）将消毒结果记录在"消毒记录卡"上；

（7）检查菜架上、冷库内的蔬菜存放是否整齐；

（8）摆放不整齐的蔬菜，重新加以摆放整理；

（9）检查青菜有无变质的现象；

（10）对腐烂变质的青菜上报，填写"原材料报废申报表"，并请有关部门人员鉴定。

（五）蔬菜细加工岗位工作内容

1. 准备工作

（1）取出保鲜冷库内的蔬菜；

（2）对于没有或数量不足的蔬菜，通知蔬菜粗加工房进行加工；

（3）准备生墩，放废料盒备用；

（4）拿出生刀、抹布备用；

（5）取出保鲜冷库中的各种料头备用；

（6）对需换水的进行换水，需焯水的拿到炒锅进行焯水；

（7）不合格的料头倒入废料盒内；

（8）挑拣青菜，检查有无黄叶、老叶、烂叶，有无虫子、杂物，有无泥沙；

（9）对不合格的青菜退回蔬菜粗加工房整改；

（10）指导蔬菜粗加工房人员加工不会加工的青菜；

（11）将挑拣好的蔬菜放置在货架上，整齐存放。

2. 细加工

（1）按规格的要求切制料头；

（2）按规格和宴会要求，加工蔬菜；

（3）将细加工过的蔬菜，不需泡水的原料，整齐放在货柜上；

（4）将细加工过的蔬菜，需要泡水的原料，整齐存放在案台；

（5）核算原料的净料率；

（6）将称出的和算出的所有数据记录在"标准食谱卡"上；

（7）与以往的记录作比较，上下浮动不超过酒店的比率，如有异常，应上报。

3. 收档工作

（1）将刀具、砧板、废料盒等用具收档；

（2）将盛放蔬菜的筐子撤回蔬菜粗加工房；

（3）查看蔬菜的剩余量；

（4）根据下一餐的用量通知蔬菜粗加工房加菜备菜；

（5）将剩余的青菜入保鲜冷库存放；

（6）查看料头的剩余量；

（7）对存放时间较长且剩余量较少的料头进行加工；

（8）对需换水的料头进行换水；

（9）对需焯水的料头进行焯水；

（10）将加工好的料头整齐放入冷库保存；

（11）检查冷库内存放原料的质量，并填写"食品安全检查卡"；

（12）做好原料采购计划，并填写"原料采购计划单"。

（六）肉类粗加工岗位工作内容

1. 准备工作

（1）根据计划单查看当天要求进的肉类原料是否到齐；

（2）已到的肉类原料，通知各岗位负责人；

（3）没到的肉类原料，通知砧板负责人；

（4）质量不符合要求的肉类原料，上报后，退货；

（5）将需要送至各岗位的原料送到各岗位；

（6）放在肉类加工间的肉类原料盛入容器内；

（7）将需解冻的肉类原料进行解冻；

（8）不需要加工的原料，盛入肉类容器内，放入肉类冷库；

（9）来不及加工的肉类原料，先放入肉类冷库。

2. 粗加工

（1）准备生墩、生片刀、砍刀等工具；

（2）准备盛放肉类原料的肉类容器；

（3）按标准加工各种原料；

（4）将加工好的原料按要求进行原料腌制；

（5）腌制时应根据原料的老嫩灵活腌制；

（6）将腌制好的肉类原料装入盛器内；

（7）原料装好后，在原料的表面均匀涂一遍油；

（8）打好保鲜膜，放入肉类冷库。

3. 收档工作

（1）将未来得及加工的肉类原料放肉类盛器内；

（2）将肉类原料封打保鲜膜，存入肉类冷库内；

（3）检查肉类原料的存放是否整齐；

（4）检查肉类原料的下脚料存放时间，观察是否有变质现象；

（5）变质的原料填写"原材料报废申报表"，上报并请相关部门人员来鉴定；

（6）将检查结果记录在"食品卫生检查卡"上。

（七）肉类细加工岗位工作内容

1. 准备工作

（1）将点菜牌中所需的肉类原料拿出，解冻备用；

（2）将需加工的肉类原料解冻准备加工；

（3）准备生墩，拿出废料盒、生刀、抹布；

（4）加工常用的肉类配料；

（5）检查各种肉类的加工是否符合标准；

（6）对粗加工不合格的肉类原料，亲自进行实际操作，示范给粗加工厨师看；

（7）让粗加工厨师按教给的做法再做一遍，并在现场指导。

2. 细加工

（1）将已解冻的肉类原料拿到砧板上；

（2）准备盛放肉类原料的肉类盒子；

（3）按要求加工肉类的原料；

（4）按比例、标准进行肉类原料的腌制；

（5）将腌制好的肉类原料盛入容器内，整齐摆放在容器内；

（6）将装入容器内的原料抹上一层油，打上保鲜膜；

（7）将原料整齐地存放于肉类冷库内；

（8）核算原料的净料率；

（9）将称出的和算出的所有数据记录在"标准食谱卡"上；

（10）与以往的记录作比较，上下浮动不超过酒店的要求，如有异常，应上报。

3. 收档工作

（1）检查用料与计划情况；

（2）查看当餐肉类原料的使用情况；

（3）肉类原料剩余较少的，进行补充或加工；

（4）肉类原料备料不足的原料上报，做"原材料计划单"；

（5）将用过的生刀、生墩、废料盒等用具收档；

（6）将盛放肉类原料的容器收档到清洁间；

（7）将剩余的肉类原料封打保鲜膜，整齐存放于肉类冷库内；

（8）将没有加工完的肉类原料封打保鲜膜，整齐地存放于冷库内；

（9）整理肉类冷库内存放不整齐的肉类原料；

（10）检查各种肉类原料有无变质现象；

（11）检查存放的肉类原料有无不打保鲜膜的现象；

（12）检查肉类冷库内的原料是否存放整齐；

（13）变质的原料填写"原材料报废申报表"上报，请相关部门人员鉴定。

（八）冷菜岗位工作内容

1. 准备工作

（1）确认装盘餐具数量、质量符合酒店备餐标准和要求；

（2）准备加工制作装饰点缀所用的围边原料；

（3）准备所有的刀具、熟墩，并用酒精消毒，砧板旁放置废料盒；

（4）将消毒记录登记在"消毒记录卡"上；

（5）在开餐前榨好果汁；

（6）切制拼摆每餐所用的卤水拼盘，加足卤水汁；

（7）备足制作果盘、果船用的水果；

（8）准备散点菜品的原料；

（9）需腌制的原料按要求进行腌制。

2. 菜肴制作

（1）从出菜口处接过传菜的冷菜菜单；

（2）先仔细审阅菜单上所写的所有内容，不清楚、不明白的及时询问明白；

（3）根据菜单的要求制作冷菜菜品；

（4）按先凉菜后卤水拼盘的原则出品，以最快的速度出品凉菜；

（5）检查各道菜品的出品是否符合菜品的要求；

（6）做好每道菜品出品的盘边装饰；

（7）制作宴会的果盘和果船。

3. 出菜工作

（1）将装饰点缀好的冷菜拿到出菜口上菜；

（2）及时通知传菜员上菜；

（3）对客人要求的退菜或换菜，由上级制作并协助完成；

（4）将退菜或换菜注意保留，以用来作菜品分析和鉴定。

4. 收档工作

（1）餐中超计划使用的散点原料，发现不足时及时备料；

（2）添加备制下一餐的卤水拼盘；

（3）添加下一餐所用的调味料；

（4）将剩余的餐具撤回洗刷间；

（5）将围碟中能够使用的原料存放于冷库内；

（6）将剩余的散点菜放入保鲜冷库内；

（7）将卤水原料及卤水拼盘存放于熟食冷库内；

（8）检查自己所负责的冷库内的原料存放是否整齐，有无变质现象；

（9）检查冷库内的原料，有无保鲜膜封打不严现象；

（10）检查水果中有无腐烂的；

（11）腐烂变质的原料填写"原材料报废申报表"，上报并请相关部门人员鉴定；

（12）将检查结果记录于"食品安全检查卡"，并请负责人复查。

（九）烧腊岗位工作内容

1. 准备工作

（1）根据调制卤水及腌制原料的要求，领用所用的调味料；

（2）准备卤制原料所用的葱、姜、蒜、香菜等原料；

（3）准备调制卤水所用的八角、花椒、桂皮、小茴香、罗汉果、甘草、香叶、蛤蚧、香茅草等香料；

（4）将当天进购的货品原料及时拿到烧腊间，需要解冻的原料进行解冻，暂时不需要解冻的原料，存入冷库内；

（5）按要求调制红卤水；

（6）按要求调制白卤水；

（7）按要求调制豉油卤水；

（8）每天按照要求，对各种卤水进行加热，并在"卤水保养卡"上记录下时间、加热情况以及加热责任人；

（9）至少每隔三天，对卤水滤一遍渣子，并记录在"卤水保养卡"上；

（10）卤完原料的卤水，要及时添加调味料。

2. 菜肴制作

（1）卤制加工的原料焯透水后，按要求进行卤制；

（2）烤制的原料，如乳猪、鸭等原料，按要求入味、上皮水、晾干后，入烤炉中烤制；

（3）烤制菜品，按要求腌制入味，入挂炉中烤制。

3. 菜品保管

（1）将卤好的原料捞出，盛于熟食容器内，并封打保鲜膜，以防风干；

（2）将烤好的原料挂在晒鸭架上控油晾干；

（3）卤好的成品原料晾透用保鲜膜打严，放于熟食冷库里；

（4）烧好的成品原料控油晾干后封打保鲜膜，存放于熟食冷库内；

（5）查看冷库内的成品原料存放是否整齐；

（6）查看成品原料的质量是否符合食品卫生的要求。

4. 出菜工作

（1）从出菜口处接过传菜的冷菜菜单；

（2）先仔细审阅菜单上所写的所有内容，不清楚、不明白的及时询问明白；

（3）将装饰点缀好的冷菜拿到出菜口上菜；

（4）及时通知传菜员上菜；

（5）对客人要求的退菜或换菜，由上级制作并协助完成；

（6）将退菜或换菜注意保留，以用来作菜品分析和鉴定。

5. 收档工作

（1）将餐中用的多的散点原料妥善处置，及时备料；

（2）添加备制下一餐的卤水原料；

（3）添加下一餐所用的烧烤原料；

（4）检查卤水的质量；

（5）将没来得及加工的原料存放于冷库内；

（6）将飞过水的原料存放于熟食冷库内；

（7）检查自己所负责的冷库内的原料存放是否整齐，有无变质现象；

（8）检查冷库内的原料，有无保鲜膜封打不严现象；

（9）腐烂变质的原料，填写"原材料报废申报表"，上报并请相关部门人员鉴定；

（10）将检查结果记录于"食品安全检查卡"上，并请负责人复查。

（十）刺身岗位工作程序

1. 准备工作

（1）准备所有的刺身刀具，包括砍刀、片刀、剪刀等；

（2）准备刺身用的砧板，先用醋消毒；

（3）开水泡冰水的盆，应标有刺身字样；

（4）准备盛放刺身用的盛器和垫冰；

（5）拿出点缀原料的盒子；

（6）准备菜叶、番茄、插花、四角花等用水泡，切制围边的甜橙片；

（7）准备垫底的长生菜叶；

（8）拿出各种冰鲜的直接食用原料备用；

（9）将三文鱼切成符合规格的片备用，北极片解冻；

（10）根据预订情况备制生味拼；

（11）根据宴会的菜单，备制直接食用菜品。

2. 菜肴制作

（1）检查原料是否达到直接食用的要求；

（2）不符合直接食用要求的原料，联系采供部退货；

（3）符合直接食用要求的原料，准备进行加工；

（4）按要求加工直接食用原料，包含三文鱼、北极贝等；

（5）宴会事先加工好的直接食用的菜品用保鲜膜打好，入保鲜冷库；

（6）准备称重用的台秤；

（7）检查台秤：用手按一下秤盘，看台秤的指针是否回到零刻度；

（8）将上述数据记录在"标准食谱卡"上。

3. 收档工作

（1）刀具、剪子用醋消毒，洗净后挂刺身刀架上；

（2）砧板刮净，用醋消毒后立起；

（3）将泡冰水的盒、盛放生吃原料的盛器垫冰收起；

（4）查看当餐结束时的生吃原料与垫冰的剩余量，低于酒店规定数量时需制作；

（5）查看点缀原料的剩余量，低于酒店规定数量时需制作；

（6）补充不足的各种原料进行加工制作；

（7）需做计划进行审购的生吃原料，上报砧板负责人，制作"原材料采购计划单"；

（8）将各种原料收存于各类冷库内；

（9）检查冷库内的原料有无变质及未打保鲜膜的现象；

（10）将检查结果记录于"食品安全检查卡"；

（11）需报废的生吃原料，填写"原材料报废申报表"，上报并请相关部门人员鉴定。

（十一）上什岗位工作内容

1. 准备工作

（1）需事先蒸制的原料进行蒸制，如米饭；

（2）将需解冻的半成品解冻；

（3）添加相应的调料；

（4）准备菜品操作时需用的原料；

（5）煲仔炉烧上食用油，准备班中浇油用；

（6）切制葱丝、葱花等；

（7）准备拿盘子、开蒸箱用的垫布；

（8）准备筷子、盛鱼的不锈钢盘子；

（9）配置餐具，按最大客流量配置；

（10）准备存放废料及鱼汤的废料筒；

（11）准备香菜叶、鲜花等，在水中浸泡；

（12）加工围边用的果酱或点缀用的原料。

2. 菜肴制作

（1）从下单处接过需要蒸位蒸制的菜品；

（2）从砧板、水台处接过需要蒸制的海鲜菜品；

（3）将拿过来的菜品装盘，加上酱汁调料进行蒸制；

（4）对需先蒸制的半成品进行加热；

（5）蒸制好的菜品进行浇汁、点缀装饰；

（6）将装饰点缀好的菜品拿到传菜处上菜。

3. 收档工作

（1）餐中没用完的半成品原料入半成品冷库；

（2）餐中没用完的米饭打保鲜膜入冷库；

（3）检查当餐菜品用量情况，准备做次日的食品原材料采购计划单；

（4）将剩余的上汤入半成品冷库；

（5）鱼汁的剩余量少于规定数量时，调制加量；

（6）检查半成品冷库内的原料是否打保鲜膜，原料是否有变质现象；

（7）添加调味料罐中的调味料至符合要求。

(十二)炒锅岗位工作内容

1. 准备工作

(1)检查油气供应是否正常;

(2)检查炉头有无破损、裂缝,内有无杂质、柴油积垢;

(3)点火试用,火苗无忽大忽小现象,若有,填写"维修单"报修;

(4)每天用中火将锅底灰烧净;

(5)将手布、垫布、手勺、手铲、笊篱、密漏勺等工具洗净,将易从工具上掉下来的杂物捡出;

(6)清理盛放调料的容器,无沉淀物、油垢;

(7)添加调料的量不低于酒店的要求;

(8)制作各种酱汁调料,每种酱料的备量不低于酒店的要求;

(9)根据事先配好的宴会菜品,加工准备需事先准备的菜品;

(10)根据每餐的点菜率及客流量,准备半成品菜品;

(11)炒锅用的酱汁调料,班前检查各种酱汁的备量。

2. 菜肴制作

(1)当开始做一道菜时,要观察下一道菜是什么;

(2)观察自己的邻锅在操作何菜,如炒东西、焯水原料等;

(3)查看宴会包厢及散点菜的情况;

(4)在操作一道菜而观察下一道菜时,应考虑这一道菜的烹饪程序,达到出品最快;

(5)观察邻锅位,与其进行相互合作,有同一类的主、配料的操作,应合并到同一锅进行操作;

(6)催菜,应马上安排进行优先烹调;

(7)将炒好的菜品装盘、整形;

(8)菜量大小及时进行更正;

(9)对不合格的菜品不能进行装盘;

(10)检查指导打荷的装盘、盘边装饰。

3. 收档工作

(1)将灶台上所用的水龙头阀门关闭;

(2)关不上的水龙头,应填写"维修单",立即报修;

(3)将各个分油阀、微调油阀、总油阀关闭;

（4）检查各个油阀是否有滴油现象；

（5）如有漏油、滴油现象，应填写"维修单"，马上报修；

（6）将煲仔炉的煤气阀、煤气罐的总阀关闭，并填写"检查卡"，自己检查完后，在上面签字；

（7）闻一闻煤气有无泄漏的气味，如有先查看阀门是否拧紧，若非此故障则应填写"维修单"，马上报修；

（8）将炒锅所用的鼓风机、排气油烟机、新风机、照明电源关闭；

（9）填写"工作检查记录本"。

（十三）消夜岗位工作内容

1. 准备工作

（1）根据每天的最大客流量备制消夜用餐具；

（2）准备刀具、砧板；

（3）备制消夜热菜散点菜品的原料，不低于酒店需要量；

（4）制作消夜散点的冷菜，不低于需要量；

（5）加工点缀装饰用的原料；

（6）找到消夜的点菜菜牌；

（7）根据菜牌对消夜菜品原料进行估清；

（8）原料的估清信息，填写"估清单"，及时通知传菜员；

（9）没有的原料，到其他厨房及时调拨；

（10）没有的原料或调拨不到的原料，及时上报。

2. 菜肴制作

（1）从出菜口传菜处接过点菜的菜单；

（2）先仔细审阅菜单上所写的所有内容，不清楚、不明白的及时询问明白；

（3）根据菜单的要求，制作冷菜菜品；

（4）按先凉菜后卤水拼盘的原则出品，以最快的速度出品凉菜；

（5）配制热菜及炒制，做到色、香、味、型等符合制作标准；

（6）检查各道菜品的出品，是否符合菜品的要求；

（7）做好每道菜品出品的盘边装饰。

3. 出菜工作

（1）将装饰点缀好的菜品，拿到出菜口处上菜；

（2）及时通知传菜员上菜；

（3）对客人要求的退菜或换菜及时制作；

（4）注意将退菜或换菜保留，以用来作菜品分析和鉴定。

4. 收档工作

（1）查看消夜原料的使用情况；

（2）消夜原料剩余较少的，进行补充或加工；

（3）消夜原料备料不足的，向砧板负责人上报，做好食品原材料采购计划单；

（4）将用过的刀、墩、废料盒等用具收档；

（5）将盛放消夜原料的容器洗净后，存放于相应的区域内；

（6）将剩余的消夜原料封打保鲜膜，整齐存放于相应冷库内；

（7）将没有加工完的消夜原料封打保鲜膜，整齐存放于相应冷库内；

（8）整理冷库内存放不整齐的原料。

（十四）烧烤岗位工作内容

1. 准备工作

（1）准备各种刀具、砧板、废料盒等用具；

（2）准备板铲、手勺、漏勺等用具；

（3）点火，预热烤炉、扒板、水锅、炸炉等设备备用；

（4）需要的原料解冻后，按要求进行改刀加工；

（5）将改刀加工好的原料加调味料进行腌制；

（6）将需要穿串的菜品，进行穿串，如肉串、羊肉串、虾丸等；

（7）到养鱼池拿取所用的活海鲜；

（8）拿回的海鲜放在清水中洗净；

（9）将装好盘的菜品及原料提前拿到布菲（buffet）台（放自助食品的台子），调好保鲜箱的温度，将菜放入其中；

（10）将穿好串的原料放入布菲台的保鲜冷库内；

（11）将装入布菲盒的小海鲜放入布菲台的保鲜冷库内；

（12）将拌制好的冷菜品装盘点缀，并封打保鲜膜；

（13）将加工好的原料及穿好串的原料装布菲盒内，并点缀装饰；

（14）将洗净的海鲜装入布菲盒内；

（15）将汤羹盛入布菲盒内。

2. 自助烧烤

（1）准备制作扒炉菜品的原料；

（2）准备制作水锅菜品的原料；

（3）准备制作扒炉菜品需要的大料以及调味料；

（4）准备制作烤炉菜品需要的原料；

（5）准备足量的水果放在水果档口；

（6）根据巡档厨师的查看信息及餐厅服务员的巡台信息，添加烧烤的活海鲜、冰海鲜、肉类、汤品、冷菜等菜品。

3. 制作水锅菜品

（1）站档前整理好自己的仪容仪表；

（2）进入营业时间时，负责扒炉、水锅、炸炉、烤炉、水果档的厨师到各自的岗位准备站档；

（3）接到客人点的烧烤原料需用水锅加热的菜品，按要求进行烹制；

（4）将煮好的菜品装盘，夹好夹子，通知传菜员上菜。

4. 制作扒炉烤炉菜品

（1）接到客人点的烧烤原料需用扒炉、烤炉加热的菜品，如牛扒、猪扒等去扒板上按要求煎制；

（2）将腌制好穿成串的小件原料，如肉串、羊肉串等，拿到烤炉按要求烤制；

（3）将烹制好的烧烤菜品装盘，夹好夹子，通知传菜员上菜。

5. 制作炸锅菜品

（1）接到客人点的烧烤原料需用炸炉制作的菜品，如蚕蛹等，放入油中进行炸制；

（2）将炸制好的菜品装盘，通知传菜员上菜。

6. 制作水果菜品

（1）检查档口摆放的各种水果的量；

（2）发现水果量少的品种，立即切制进行补充。

7. 收档工作

（1）根据下一餐所上的烧烤菜品，以及上级的安排，备制出需要的自助餐烧烤的原料；

（2）备量不足的原料，填写"原材料采购计划单"，报给采购部；

（3）将剩余的餐具撤回洗刷间；

（4）将剩余的能够使用的冷菜菜品原料存放于保鲜冷库内；

（5）将剩余的能够再次使用的小海鲜加入海水留用，不能存放的做成汤；

（6）将煎烤好的自助餐烧烤菜品存放于熟食冷库内；

（7）检查自己所负责的冷库内的原料存放是否整齐，有无变质现象，有无保鲜膜封打；

（8）将检查的结果记录于"食品安全检查卡"；

（9）变质腐烂的原料填写"原材料报废申报表"，及时上报；

（10）营业结束后，将烧烤菜品进行撤档；

（11）将能够使用的菜品留住，存放入冷库内，下一餐继续使用。

（十五）面点岗位工作内容

1. 准备工作

（1）准备所用的刀具、擀面杖、面盆、馅盘、馅挑等用具；

（2）将盛制面点的餐具，按品种进行配备；

（3）准备蒸制面点品种所用的蒸笼、不锈钢蒸盘等用具；

（4）预热电饼铛、烤箱等电器设备，检查运转是否正常；

（5）点燃炉灶，检查炉火是否正常；

（6）开通蒸箱的开关，检查蒸汽的大小是否正常；

（7）对于运转不正常的设施设备，马上填写"报修单"，请工程部维修；

（8）自助餐需要的中式面点，按客人的预订及每周每天的平均客流量备量制作，并于餐前上齐；

（9）早茶根据每天的平均客流量，备量制作各种面食，并于餐前上齐；

（10）自助餐的面点上齐后，检查各种面点的摆放是否整齐；

（11）将不整齐的面点进行整理；

（12）检查早茶的面点，放在蒸车内的面点是否整齐。

2. 面食制作

（1）准备中式面点原料；

（2）准备风味小吃的原料；

（3）准备各种小菜的原料；

（4）根据要求对中式面点进行和面、制皮、制馅、入馅、造型，以及各种蒸、煎、炸、水煮的加温方法，加工制作；

（5）根据要求对风味小吃进行腌、炸、蒸的加工制作；

（6）根据要求制作各种小菜；

（7）将加工好的中式面点装盘点缀；

（8）将蒸制好的风味小吃用笼屉出品；

（9）将腌制好的各种小咸菜装盘点缀出品。

3. 自助餐和早茶

（1）餐中，及时添加自助餐中的中式面点；

（2）餐中，及时添加自助餐台上的小咸菜；

（3）早茶的菜点要经常查看，对长时间加热而造成的质量差的中式面点，及时更换；

（4）对需添加的中式面点要及时添加上档。

4. 收档工作

（1）检查冷库的霜的厚度，并每隔四天进行除霜，填写"冷库除霜卡"；

（2）将没用完的生原料收存于生冷库内；

（3）将加工好的中点收存于冷库内或打保鲜膜存放于架子上；

（4）将能够使用的各种咸菜原料存放于保鲜冷库内；

（5）检查原料在冷库内存放是否整齐；

（6）检查存放的原料有无变质现象，填写"食品安全检查卡"；

（7）变质不能用的原料填写"原材料报废申报表"，上报并请相关部门人员鉴定；

（8）班后营业结束，回撤自助餐的中点。

（十六）厨房原料成本核算

1. 厨房物品盘点

（1）准备盘点表。

①每周进行一次盘点；

②准备所用的表格，如"调料盘点表""砧板盘点表""上什盘点表""冷菜盘点表"等。

（2）准备称重用具。

①准备称重大件原料所用的公斤秤；

②准备称重小件贵重物品所用的克秤。

（3）逐项盘点。

①协同财务负责成本核算的人员，到厨房开始盘点；

②在打荷岗位对调味料进行盘点；

③在上什岗位对贵重物品、肉类原料进行盘点；

④在砧板岗位对各种原料进行盘点；

⑤在其他岗位对各种原料进行盘点。

（4）填写盘点表。

①将调味料盘点的重量记录在"调味料盘点表"上；

②将砧板处盘点的各种原料重量记录在"砧板盘点表"上；

③将上什盘点的各种原料重量记录在"上什盘点表"上；

④将其他盘点的各种原料重量记录在"冷菜盘点表"上。

（5）存档。

①将各种盘点表进行整理；

②将整理好的盘点表放在档案袋中存档。

2. 厨房成本核算

（1）核算毛利。

①调出每周或每月的菜金收入；

②算出每周每月的盘点表的总成本；

③根据核算毛利率的公式，算出各个厨房的毛利率。

（2）总结毛利规律。

①将每周或每月的毛利率进行总结；

②总结出每周或每月的毛利规律。

（3）分析毛利。

①根据每周或每月的毛利规律，对毛利进行分析；

②分析出毛利高或低的原因，是因为厨房原因还是其他原因。

（4）控制毛利的方法。

根据毛利过高或过低的原因进行分析，找出控制毛利的方法，如杜绝跑、冒、滴、漏，按标准投料出菜。

（5）检查。

针对制定出的控制毛利的方法，协助上级进行检查，将毛利控制在浮动范围之内。

六、实习任务

（一）岗位适应阶段（实习到岗后3个月内）

（1）建立融洽的同事关系；

（2）了解所在实习岗位的职责、工作流程和工作内容；

（3）了解实习酒店中厨部的组织结构及人员配备情况；

（4）了解实习酒店中厨所在岗位的地位、作用及业务范围；

（5）了解实习酒店中厨所在岗位原料储存规范、加工标准、物品归位规范、现场卫生要求及安全管理要求；

（6）熟悉中厨点菜软件系统。

（二）业务提升阶段（实习到岗后3个月至实习结束前1~3个月）

（1）熟练运用中厨点菜软件系统；

（2）掌握原料加工规范的技能、现场卫生要求、原料储存规范、加工标准、物品归位规范与安全管理要求；

（3）初步掌握菜品的营销方案；

（4）了解中厨人员绩效系统；

（5）了解中厨原料采购方式、验收方法；

（6）了解中厨人员晋升条件与方式；

（7）了解食品安全管理体系；

（8）了解菜品创新的品种、推介的时间、定价的依据；

（9）了解成本控制的方法。

（三）能力拓展阶段（实习期结束前1~3个月）

（1）掌握中厨人员绩效管理方式与方法、人员晋升条件，并能根据了解到的内容整理出基本的方案；

（2）掌握菜品创新的方法与考核方式；

（3）掌握原料采购方式、验收方法以及成本控制的方法；

（4）掌握菜品的营销手段与方法；

（5）掌握食品管理流程与关键点控制；

（6）掌握中厨常用报表的制作和分析方法；

（7）了解所在岗位主管的工作内容及业务流程；

（8）了解厨师长的岗位职责与工作内容；

（9）总结本部门工作中做得好的方面和存在的问题，并提出改进建议；

（10）收集整理本部门工作中出现的两个典型案例，并运用所学知识进行分析。

七、管理能力提升训练

根据实习情况，企业实习导师定期组织学生对中厨部运行中出现的典型案例进行深层次的分析和讨论，使理论与实践有机地结合起来，促进学生管理能力的提升。

八、推荐阅读

（一）专著

1. 中国大厨. 最新厨房管理案例精选［M］. 济南：山东出版传媒股份有限公司，2015.

2. 薛永. 行政总厨管理手册［M］. 北京：中国时代出版社，2011.

（二）期刊

1. 《中国烹饪》杂志社有限公司出版：中国烹饪

2. 太原市商业经济学会：烹调知识

3. 四川省烹饪协会、四川省蔬菜饮食服务总公司：四川烹饪

（三）报纸

中国食品报

（四）网站

1. 中国烹饪（www.ccas.com.cn）

2. 中国烹饪杂志（www.zgprzzs.qianyan.biz）

（五）自媒体

微信公众号：职业餐饮网

第七节　酒店西厨实习指导书

一、岗位基本情况介绍

西厨是西餐菜点的生产部门，主要岗位有：汤锅、炸锅、扒板、冷房等。习惯上，除中餐厨房以外的不同国家菜点的生产部门统一归西厨管理，因此将常见的日韩菜点的岗位内容和要求安排在本节介绍。按照西餐菜点工艺流程的不同划分，西厨分为冷厨房（cold kitchen）、热厨房（hot kitchen）、点心裱花房（pastry kitchen）、西点饼房（bakery kitchen）、肉加工房（butchery kitchen）等部门。

西厨的主要业务包含原料加工、制汤、冷热菜的制作、面包的制作、蛋糕的裱花等。

二、岗位实习目标

学生通过顶岗实习，了解西厨的运作过程，以及西餐厨房的组织结构、岗位职责、功能及业务范围；熟悉西厨生产、人员管理、安全管理、质量控制、菜品研发、成本核算、与餐厅协调等主要业务和工作内容；培养学生敬业爱岗的精神，能理论联系实际，灵活运用专业知识与技能，并具备独当一面的能力。

三、任职条件

（1）身体健康。

（2）为人正直诚信，责任心强，有较强的自我情绪调节能力。

（3）有满足岗位需要的语言能力和应变能力，掌握西厨英语口语，反应敏捷，有较强的处理突发事件的能力。

（4）掌握西厨的操作技能，能够正确操作各种西厨设备。

四、岗位职责

（1）原料洗涤和粗加工。

（2）菜点的初步熟处理、腌制。

（3）协助准备工具、餐具和收档的工作。

（4）协助成本核算工作。

（5）负责上级安排物品的盘点统计工作。

（6）做好每日检查表格填写、分析、统计和报送的工作。

（7）协助上级做好备餐、开餐和收餐的检查工作。

（8）完成上级临时交办的工作任务。

五、岗位工作内容与要求

（一）汤锅岗位工作内容

1. 准备工作

（1）准备生西餐刀、生墩、废料盒等；

（2）准备汤桶、手勺等用具；

（3）准备盛放烩菜的布菲盒以及盛放汤品的桶；

（4）汤锅菜品需要的原料解冻后，按要求进行改刀加工；

（5）准备制作日料、韩料酱汤的原料；

（6）准备制作甜汤菜品所用的原料和调味料。

2. 制作汤锅菜品

（1）加工制作蔬菜汤、海鲜汤的原料；

（2）将加工好的原料放在一起烩制，如红酒烩鸡等；

（3）按要求制作蔬菜汤、海鲜汤、洋葱汤等汤品；

（4）按要求进行甜汤菜品的制作；

（5）将烩制好的菜品装入容器中；

（6）将做好的汤品装入汤桶中；

（7）将装入盛器的烩菜品点缀装饰，上菜；

（8）将制作好的汤菜品摆放于西餐厅的布菲炉中。

3. 粉面初步制作与菜品蒸制

（1）准备汤桶、漏勺、手勺等工具；

（2）准备海产刀、海产墩等；

（3）备制盛放菜品的餐具、布菲盒等；

（4）汤桶内加满水，加热，将水烧开；

（5）将需发制的米粉、意大利粉等放入烧开的水中，加热；

（6）将发制好的米粉、意大利粉等原料充分过凉，备用；

（7）挑拣大米中的沙粒等杂物；

（8）准备蒸制菜品需用的调味料、葱丝等原料；

（9）将加工好的原料装入盛器内蒸箱内蒸制；

（10）将蒸好的原料装入布菲盒内装饰点缀；

（11）将装饰点缀好的原料放入布菲炉内。

4. 巡班工作

（1）班中每隔一段时间至少巡一次档；

（2）将巡档的信息及时通知热房各岗位厨师；

（3）根据巡档信息添加汤锅菜品、添加米饭、清蒸鱼以及日、韩料理的菜品。

5. 收档工作

（1）根据下一餐的菜谱和热房领班的安排，备制出需要的自助餐原料；

（2）检查送餐菜品的备制，备量不低于酒店的要求；

（3）将所有的用具、刀具、墩子等洗净消毒，用具整齐放置，刀具挂起，墩子立

起,填写"消毒记录卡";

(4)将剩余的能够使用的汤锅菜品原料,存放于各个相应冷库内;

(5)将做好的烩制菜品,凉透后,封打保鲜膜存放于熟食冷库内;

(6)检查自己所负责的冷库内的原料存放是否整齐,有无变质现象,有无封打保鲜膜;

(7)将变质腐烂的原料记录于"原材料报废申报表"上,上报后进行处理;

(8)营业结束后,汤锅菜品按要求进行撤档。

(二)炸锅岗位工作内容

1. 准备工作

(1)准备生西餐刀、生墩、废料盒等;

(2)准备漏勺、手勺等用具;

(3)炸锅内倒入食用油,打开电源预热油备用;

(4)准备炸菜品所用的脆炸浆。

2. 制作炸锅菜品

(1)炸菜品需要的原料解冻后,按要求进行改刀加工;

(2)加工蔬菜原料;

(3)将改刀加工好的原料加盐、胡椒粉腌制;

(4)将腌制好的原料按要求在炸锅中炸制;

(5)将炸制好的菜品装布菲盒或装盘;

(6)将装好盘的菜品点缀好盘头,上菜;

(7)将装入布菲盒的菜品点缀装饰品,上菜;

(8)将炸制的菜品整齐摆放于西餐厅的恒温箱里。

3. 巡班工作

(1)班中每隔一段时间至少巡一次档;

(2)将巡档的信息及时通知热房各岗位厨师;

(3)根据巡档信息添加炸锅菜品;

(4)添加恒温箱内炸锅菜品调味料。

4. 收档工作

(1)根据下一餐的菜谱和热房领班的安排,备制出需要的自助餐原料;

(2)检查送餐菜品的备制,备量不低于两例;

(3)将所有的用具、刀具、墩子等洗净消毒,用具整齐放置,刀具挂起,墩子立

起,填写"消毒记录卡";

(4)将剩余的餐具撤回洗刷间;

(5)将剩余的能够使用的炸锅菜品原料,存放于各个相应冷库内;

(6)将剩余的脆炸粉,封好保鲜膜;

(7)检查自己所负责的冷库内的原料存放是否整齐,有无变质现象,有无封打保鲜膜;

(8)将检查结果记录于"食品安全检查卡";

(9)变质腐烂的原料填入"原材料报废申报表",上报后进行处理;

(10)营业结束后,炸锅菜品按要求进行撤档。

(三)扒板岗位工作内容

1. 准备工作

(1)将制作牛扒、猪扒等菜品剩下的边角废料及牛骨等加以改刀加工,西芹、胡萝卜、洋葱等蔬菜加入香料熬制布朗基础汤备用;

(2)按西餐调制的要求调制蘑菇沙司(sauce)、量板沙司、红酒沙司等热沙司;

(3)将调制好的布朗基础汤及热沙司盛入容器内和汤桶中,凉透后包上保鲜膜;

(4)将热沙司存放于保鲜冷库内。

2. 制作扒板菜品

(1)扒板菜品需要的原料解冻后,按要求进行改刀加工;

(2)将肉质较老的原料用肉锤将其锤软;

(3)将改刀加工好的原料加盐、胡椒粉腌制;

(4)将腌制好的原料在扒板上按要求煎制;

(5)将腌制的需挂糊或煎制的原料在扒板上按要求煎制;

(6)将煎制好的菜品装布菲盒或装盘;

(7)将烤制好的菜品放入肉车内,配上热沙司;

(8)将装入布菲盒的菜品点缀装饰品,上菜;

(9)将盛烤制菜品的肉车推到西餐厅,准备面客操作。

3. 巡班工作

(1)班中每隔一段时间至少巡一次档;

(2)将巡档的信息及时通知热房各岗位厨师;

(3)根据巡档信息添加扒板菜品。

4. 收档工作

（1）根据下一餐的菜谱和热房领班的安排，备制出需要的自助餐原料；

（2）检查送餐菜品的备制，备量不低于酒店要求；

（3）将剩余的布朗基础汤和热沙司，封好保鲜膜放入保鲜冷库内；

（4）将煎烤好的自助餐扒板菜品存放于熟食冷库内；

（5）检查自己所负责的冷库内的原料存放是否整齐，有无变质现象，有无保鲜膜封打；

（6）将检查结果记录于"食品安全检查卡"上；

（7）变质腐烂的原料填入"原材料报废申报表"，上报后进行处理；

（8）营业结束后，扒板菜品按要求进行撤档。

（四）冷房岗位工作程序

1. 准备工作

（1）根据每餐冷房自助餐菜谱配备餐具的种类和数量；

（2）检查玻璃器皿中有无碎玻璃片，有无破损，并登记在"玻璃器皿检查记录本"上；

（3）检查瓷制餐具有无破损、水迹污迹；

（4）准备所有的刀具、熟墩，并用酒精消毒，墩子旁放置废料盒；

（5）开出调汁用的抽子、筷子等用具。

2. 制作冷菜菜品

（1）调制制作沙拉（salad）用的冷沙司（sauce）；

（2）在开餐前榨好各种果汁；

（3）切制拼摆每餐所用的各种冷房拼盘；

（4）备足制作自助餐用的水果；

（5）加工制作装饰点缀所用的材料；

（6）制作自助餐用的生吃原料；

（7）加工制作日韩料菜品、风味菜肴的制作；

（8）制作自助餐的沙拉菜品；

（9）将制作的沙拉菜品点缀装饰，封打保鲜膜上档；

（10）将制作的菜品装饰点缀上档；

（11）冷房菜品上齐后，查看各道菜品是否摆放整齐；

（12）对摆放不整齐的菜品加以整理。

3. 巡班工作

（1）班中每隔一段时间至少巡一次档；

（2）将巡档的信息及时通知冷房厨师；

（3）根据巡档信息添加菜品；

（4）添加冷房沙拉菜品；

（5）添加日韩料理及风味小吃；

（6）添加各种水果。

4. 收档工作

（1）根据下一餐的菜谱和冷房领班的安排，备制出需要的自助餐原料；

（2）检查送餐菜品的备制，备量不低于酒店要求；

（3）将剩余的原料封好保鲜膜存放于冷库内；

（4）检查自己所负责的冷库内的原料存放是否整齐，有无变质现象，有无保鲜膜封打不严现象；

（5）将检查结果记录于"食品安全检查卡"上；

（6）变质腐烂的原料填入"原材料报废申报表"，上报后进行处理；

（7）营业结束后，冷房菜品按要求进行撤档。

（五）扒房岗位工作内容

1. 准备工作

（1）根据每餐冷房自助餐菜谱配备餐具的种类和数量；

（2）检查玻璃器皿中有无碎玻璃片，有无破损，并登记在"玻璃器皿检查记录本"上；

（3）检查瓷制餐具有无破损、水迹污迹；

（4）准备所有的刀具、熟墩，并用酒精消毒，墩子旁放置废料盒；

（5）准备调汁用的抽子、筷子等用具；

（6）将每个人所用的设备，在餐前自己点火或开电源试用一下；

（7）不好用的设备填写"维修单"报修，并上报扒房领班。

2. 制作扒房菜品

（1）了解客人的预订，并做好相关准备；

（2）从服务员处接过客人的"点菜单"；

（3）准备制作扒板菜品的原料及各种烧汁；

（4）按要求对制作扒板菜品的原料改刀、切制成型；

（5）按要求加调味料制作扒房菜品；

（6）将做好的扒房菜品装盘点缀；

（7）制作烤制的菜品以及烩制的菜品并装盘；

（8）做好各种扒制菜品的装盘效果；

（9）做好各种炸制菜品的改刀、颜色、口味和装盘效果；

（10）注意各种汤品的口味、颜色、浓度是否符合要求；

（11）做好烤制菜品的颜色、火候、口味及装盘效果。

3. 收档工作

（1）根据扒房的菜谱，备制出次日需要的热菜点菜和冷菜点菜的原料；

（2）将剩余的原料封好保鲜膜放入相应的冷库内；

（3）检查每个人所负责的水产、肉类、保鲜冷库内的原料存放是否整齐，有无变质现象，有无保鲜膜封打不严现象；

（4）检查蔬菜中有无腐烂的；

（5）将检查结果记录于"食品安全检查卡"上；

（6）变质腐烂的原料填入"原材料报废申报表"，上报；

（7）检查扒炉等设备是否关闭；

（8）检查水、电、煤气等是否关闭。

（六）饼房工作内容

1. 准备工作

（1）准备所用的刀具、擀面杖、面盆等用具；

（2）按品种配备盛制面点的餐具；

（3）将制作西点软包、硬包、蛋糕的原料开档；

（4）预热烤箱等电器设备，检查运转是否正常；

（5）点燃炉灶，检查炉火是否正常；

（6）运转不正常的设施设备，填写"报修单"，请工程部维修；

（7）自助餐需要的西点品种，按客人的预订及每周每天的平均客流量备量制作，并于餐前备齐；

（8）自助餐的西点上齐后，检查各种西点的摆放是否整齐。

2. 制作西点

（1）准备制作西点面包软包、硬包和蛋糕原料；

（2）根据要求对西点软包进行和面、制皮、制馅、入馅、造型，然后使用各种煎、炸、烤的加温方法，加工制作；

（3）根据要求对西点硬包进行和面、造型，然后使用烤的加热方式，进行加工制作；

（4）将加工好的西点软包装盘点缀；

（5）将加工好的西点硬包改刀，装盘点缀；

（6）餐中，及时添加自助餐中的西点软包、硬包。

3. 收档工作

（1）检查冷库的霜的厚度，并进行除霜，填写"冷库除霜卡"；

（2）将剩下的原料及保鲜膜收存于生冷库内；

（3）检查原料在冷库内存放是否整齐；

（4）检查存放的原料有无变质现象，填写"食品安全检查卡"；

（5）变质的原料填写"原材料报废申报表"报废，并上报主管，请相关部门人员鉴定；

（6）班后营业结束，回撤自助餐的西点。

（七）裱花工作内容

1. 准备工作

（1）准备所用的刀具、裱花嘴、转盘等用具；

（2）奶油提前一天从冷冻库转存冷藏库解冻；

（3）将烘烤好的蛋糕坯凉透后用保鲜纸或袋包好后放进风冷式的冷藏柜保存；

（4）检查制作裱花需要的蛋糕数量；

（5）运转不正常的设施设备，填写"报修单"，请工程部维修；

（6）自助餐需要的裱花点心品种，按客人的预订及每周每天的平均客流量备量制作，并于餐前备齐；

（7）自助餐的裱花蛋糕上齐后，检查各种裱花蛋糕的摆放是否整齐。

2. 制作裱花蛋糕

（1）准备制作裱花的蛋糕坯原料；

（2）在涂抹蛋糕坯前将蛋糕坯的表面或底面切整齐，坯子保持平整，使蛋糕坯的颜色里外一致；

（3）根据要求调制好各种裱花使用的奶油，并打保鲜膜冷藏待用；

（4）准备好装饰用的巧克力、水果、奶酪等原料，并打保鲜膜冷藏；

（5）根据要求对各种蛋糕进行打底、裱花；

（6）将加工好的蛋糕装盘；

（7）餐中，及时添加自助餐中的裱花蛋糕。

3. 收档工作

（1）检查冷库的霜的厚度，并每隔四天进行除霜，填写"冷库除霜卡"；

（2）将剩下的原料打保鲜膜收存于冷库内；

（3）检查原料在冷库内存放是否整齐；

（4）检查存放的原料有无变质现象，填写"食品安全检查卡"；

（5）变质的原料填写"原材料报废申报表"报废，并上报主管，请相关部门人员鉴定；

（6）班后营业结束，回撤自助餐的裱花蛋糕。

（八）日式料理岗位工作内容

1. 准备工作

（1）准备工作所用的各种刀具、砧板、废料盒等工具物品；

（2）检查调味料是否充足；

（3）根据日料菜牌及套餐，对没有的原料作出估清，并写在"估清表"上；

（4）根据日常的客流量制作菜品；

（5）备制日料烧烤菜品所用的调味料等；

（6）准备切制日料烧烤的菜品原料，并加以腌制；

（7）准备日料菜品所用的原料。

2. 制作日式料理

（1）接过餐厅服务员下的日料点菜菜单；

（2）先仔细审阅菜单上所写的所有内容，不清楚、不明白的及时询问明白；

（3）根据菜单的要求制作日料菜品；

（4）按先日料沙拉、刺身、寿司后热菜的原则出品，以最快的速度出品冷菜；

（5）做好每道日料菜品出品的盘边装饰；

（6）制作客人点的日料套餐菜品；

（7）检查各道日料菜品的出品是否符合菜品的要求；

（8）通知餐厅服务员，将做好的日料菜品上菜；

（9）因质量不过关客人要求退菜或换菜的，马上给予制作，并通知相关部门人员鉴定；

（10）核定菜品原料的成本。

3. 收档工作

（1）将剩余的、能在下一餐使用的日料刺身、寿司等菜品，收入保鲜冷库；

（2）将放在外面的单点日料菜品收入冷库；

（3）将剩余的原料存放于相应的冷库内；

（4）准备下一餐使用的刺身、寿司菜品原料；

（5）补充剩余量少的日料单点原料；

（6）根据下一餐的客流量制作补充套餐的菜品原料；

（7）做次日的食品原材料每日申购计划单，填写"食品原材料每日申购计划单"；

（8）检查冷库内的原料存放是否整齐，保鲜膜是否打严，有无变质现象；

（9）检查下一餐的用料的备制是否充足。

（九）韩式料理岗位工作内容

1. 准备工作

（1）准备工作所用的各种刀具、砧板、废料盒等工具物品；

（2）检查调味料是否充足；

（3）及时添加未加满的调料罐；

（4）根据韩料菜牌，对没有的原料作出估清，并写在"估清表"上；

（5）根据韩料菜牌，准备制作韩料小菜；

（6）在餐前备制日常的宴会所用的小菜原料；

（7）备制韩料烧烤菜品所用的调味料等；

（8）准备切制韩料烧烤的菜品原料，并加以腌制；

（9）准备韩料汤品所用的原料，如韩料酱汤等。

2. 制作韩式料理

（1）接过餐厅服务员下的韩料点菜菜单；

（2）先仔细审阅菜单上所写的所有内容，不清楚、不明白的及时询问明白；

（3）根据菜单的要求制作韩料菜品；

（4）按先韩料小菜后热菜的原则出品，以最快的速度出品小菜；

（5）做好每道韩料菜品出品的盘边装饰；

（6）制作宴会的果盘和果船；

（7）检查各道韩料菜品的出品是否符合菜品的要求；

（8）通知餐厅服务员，将做好的韩料菜品上菜；

（9）因质量不过关客人要求退菜或换菜的，马上给予制作，并通知相关部门人员鉴定；

（10）核定菜品原料的成本。

3. 收档工作

（1）将剩余的、能在下一餐使用的韩料小菜，收入保鲜冷库；

（2）将剩余的原料存放于相应的冷库内；

（3）准备下一餐使用的能够存放的韩料小菜的原料；

（4）补充剩余量少的韩料单点原料；

（5）根据下一餐的客流量制作补充其他原料；

（6）做次日的食品原材料每日申购计划单，填写"食品原材料采购计划单"；

（7）检查冷库内的原料存放是否整齐，保鲜膜是否打严，有无变质现象；

（8）检查下一餐的用料的备制是否充足。

（十）夜班岗位工作内容

1. 准备工作

（1）准备西餐刀、墩子等工具物品；

（2）将盛放菜品的餐具及布菲盒配齐；

（3）接听电话，注意记录要求送餐的菜品及具体的要求，并在"送餐记录本"上做好记录。

2. 制作夜餐菜点

（1）根据要求制作送餐的主料、配料；

（2）将主、配料装盘，做好盘饰；

（3）通知送餐员送餐；

（4）登记好送餐所用的原料；

（5）根据包早单及每日的平均客流量，备制冷热房用的早餐菜品；

（6）备制早餐用的奶制品等。

3. 交接工作

（1）安全交接；

（2）工具交接；

（3）钥匙交接；

（4）原料交接；

（5）重要活动交接；

（6）其他交接。

4. 收档工作

（1）午、晚餐结束后，将布菲餐台上的菜品，放在餐车上，撤回厨房；

（2）将能够回收利用的菜品，盛入容器内，存放于相应的冷库或岗位上；

（3）对不能回收利用的菜品，作相应的处理；

（4）根据早餐的菜牌，查看冷房、热房的早餐菜品有无漏配，如有漏配马上补充；

（5）将备制好的早餐冷房原料，如水果、糖水、冷切拼盘、沙拉等，整齐地存放入冷菜冷库或冷房内；

（6）将备制好的早餐热房原料，如烟熏肉（培根）、早餐肠、天妇罗、洗好的生鸡蛋、蛋液、青菜等原料，整齐地摆放在热房的案台上；

（7）将用过的刀具、墩子等工具，收存放在固定的位置；

（8）将用过的餐具等回撤到洗刷间，不锈钢盆等用具洗净放置；

（9）检查冷库内的原料是否与货品卡上记录的数量相符，如不相符，找出原因；

（10）对于确实找不到原因的，记录于"交接表"上，并上报；

（11）检查冷库内存放的原料是否整齐，保鲜膜是否打严，原料有无变质现象，如有记录于"交接表"上；

（12）根据早餐的菜品，备制布菲盒及餐具；

（13）将备制的布菲盒及餐具，相应地放在冷房和热房内。

（十一）早班岗位工作内容

1. 准备工作

（1）准备西餐刀、墩子等工具物品；

（2）将盛放菜品的餐具及布菲盒配齐；

（3）接听电话，注意记录要求送餐的菜品及具体的要求，并在"送餐记录本"上做好记录。

2. 制作早餐菜点

（1）根据要求制作送餐的主料、配料；

（2）将主、配料装盘，做好盘饰；

（3）通知送餐员送餐；

（4）登记好送餐所用的原料；

（5）根据包早单及每周每日的客流量规律，制作冷房用的早餐菜品；

（6）根据包早单及每周每日的客流量规律，制作热房用的早餐菜品；

（7）制作早餐用的奶制品等。

3. 交接工作

（1）安全交接；

（2）工具交接；

（3）钥匙交接；

（4）原料交接；

（5）重要活动交接；

（6）其他交接。

4. 收档工作

（1）早餐结束后，将布菲餐台上的菜品放在餐车上，撤回厨房；

（2）将能够回收利用的菜品盛入容器内，存放于相应的冷库或岗位上；

（3）将剩余的早餐原料，整齐地存放入冷菜冷库或冷房内；

（4）将用过的刀具、墩子等工具，收存放在固定的位置；

（5）将用过的餐具等回撤到洗刷间，不锈钢盆等用具洗净归位；

（6）检查冷库内的原料是否与货品卡上记录的数量相符，如不相符，找出原因；

（7）对于确实找不到原因的，写在"交接表"上，并上报；

（8）检查冷库内存放的原料是否整齐，保鲜膜是否打严，原料有无变质现象；

（9）填写"交接表"。

（十二）海产品粗加工工作内容

参见中厨实习指导书中"海产品粗加工"相关内容。

（十三）海产品细加工工作内容

参见中厨实习指导书中"海产品细加工"相关内容。

（十四）蔬菜粗加工工作内容

参见中厨实习指导书中"蔬菜粗加工"相关内容。

（十五）蔬菜细加工工作内容

参见中厨实习指导书中"蔬菜细加工"相关内容。

（十六）肉类粗加工工作内容

参见中厨实习指导书中"肉类粗加工"相关内容。

（十七）肉类细加工工作内容

参见中厨实习指导书中"肉类细加工"相关内容。

（十八）厨房日常清洁内容

参见中厨实习指导书中"厨房日常清洁"相关内容。

（十九）厨房原料成本核算

参见中厨实习指导书中"厨房原料成本核算"相关内容。

六、实习任务

（一）岗位适应阶段（实习到岗后3个月内）

（1）建立融洽的同事关系；

（2）了解所在岗位的职责、工作流程和工作内容；

（3）了解实习酒店西厨部的组织结构及人员配备情况；

（4）了解实习酒店西厨所在岗位的地位、作用及业务范围；

（5）了解实习酒店西厨所在岗位原料储存规范、加工标准、物品归位规范、现场安全要求与安全管理要求；

（6）熟悉西厨点菜软件系统；

（7）了解工作中的常用英语；

（8）了解位菜的基本装盘要求。

（二）业务提升阶段（实习到岗后3个月至实习结束前1~3个月）

（1）熟练运用西厨点菜软件系统；

（2）掌握原料加工规范的技能、现场安全要求、原料储存规范、加工标准、物品归位规范与安全管理要求；

（3）掌握西厨常用英语口语；

（4）初步掌握菜品的营销方案；

（5）了解西厨人员绩效系统；

（6）了解西厨原料采购方式、验收方法；

（7）了解西厨人员晋升条件与方式；

（8）了解食品安全管理体系；

（9）了解菜品创新的品种、推介的时间、定价的依据；

（10）了解成本控制的方法；

（11）了解厨师长与客人沟通的技巧；

（12）掌握位菜装盘技巧。

（三）能力拓展阶段（实习期结束前1~3个月）

（1）掌握西厨人员绩效管理方式与方法、人员晋升条件，并能根据了解到的内容整理出基本的方案；

（2）掌握菜品创新的方法与考核方式；

（3）掌握原料采购方式、验收方法以及成本控制的方法；

（4）掌握菜品的营销手段与方法；

（5）掌握食品管理流程与关键点控制；

（6）掌握西厨常用报表的制作和分析方法；

（7）了解所在岗位的主管的工作内容及业务流程；

（8）了解厨师长的岗位职责与工作内容；

（9）总结本部门工作中做得好的方面和存在的问题，并提出改进建议；

（10）收集整理本部门工作中出现的两个典型案例，并运用所学知识进行分析。

七、管理能力提升训练

根据实习情况，企业实习导师定期组织学生对西厨部运行中出现的典型案例进行深层次的分析和讨论，使理论与实践有机地结合起来，促进学生管理能力的提升。

八、推荐阅读

（一）专著

1.［奥］布朗，赫普纳.西餐服务员手册［M］.宋一瑞，译.北京：旅游教育出版社，2006.

2.党春艳，王仕魁.西餐服务管理［M］.杭州：浙江大学出版社，2016.

（二）期刊

1.证券日报社：环球美味

2.魅力西餐

（三）报纸

中国食品报

（四）网站

环球美味（www.globalgourmetchina.com）

（五）自媒体

微信公众号：26克拉美食

第四章 酒店行政实习指导

第一节 酒店人力资源协调员实习指导书

一、岗位基本情况介绍

人力资源部是酒店的"心脏部门"之一，它为酒店提供后勤服务与人才保障。

人力资源部的主要工作是为酒店吸纳、维持、开发和激励人力资源，同时做好员工关系管理，营造和谐氛围，为酒店运营管理的正常运行和持续发展提供人才和环境支持。人力资源部下辖人事与培训两个分部。人力资源协调员（人事或培训）是学生校外顶岗实习的主要岗位之一。人力资源协调员的主要工作是协助人力资源部各成员，在酒店内部保持和建立一个开放的双向沟通的积极工作氛围，来提高员工的士气和积极性；协助人事主管、招聘主管、培训主管（经理）完成日常的工作；确保所有前来应聘人员及报到的新员工得到很好的接待；协助完成各项人事、培训报表等。

二、岗位实习目标

学生通过顶岗实习，了解酒店人力资源部作为职能部门如何为运作部门提供服务；了解人力资源部的组织结构、岗位职责、功能及业务范围；掌握为员工办理入（离）职、员工档案管理、劳动合同管理、员工关系管理及员工培训等主要业务流程和工作内容；掌握酒店人力、培训等报表的制作方法；懂得运用严密的逻辑和方法来解决问题；通过所有富有成效的途径获得答案，能察觉隐藏的问题，能出色地进行客观地分析；观察敏锐而不仅仅停留于问题的表面。

三、岗位任职条件

（1）仪容仪表端庄得体，和蔼、热情、谦逊，表情自然大方，身体健康。

（2）性格开朗，善于交际；品德良好，为人正派、诚实；责任心强；有较强的自我情绪调节能力。

（3）有较强的语言能力和应变能力，英语口语流利，反应敏捷，有较强的处理突发事件的能力，写作能力佳。

（4）掌握常用办公电脑软件（Word、Excel、PowerPoint 等）的操作技能。

四、岗位职责

（1）正确办理员工入职和离职手续。

（2）正确完成员工档案的信件、存档工作。

（3）正确发放和回收员工试用期评估、年终评估、提升和转岗评估表。

（4）正确准备员工劳动合同、续签劳动合同通知书。

（5）每月按时通知员工签订劳动合同，确保无任何差错。

（6）正确制作名牌。

（7）正确制作员工收入证明、工作证明等相关人事证明。

（8）及时领货保证办公室用品齐全，保证办公室设备的正常运作。

（9）收集并存档员工上缴的证件、照片、证明等资料。

（10）正确完成各种单据的走单程序、签收程序和复印件存档程序。

（11）负责本部门的文件打印、传递及酒店的资料印刷工作。

（12）协助酒店外聘人员进行入职体检及办理就业证、居留证等。

（13）负责填写每月考勤卡并协助检查员工的工卡。

（14）根据培训安排进行资料的印制工作。

（15）定期维护员工宣传栏的内容。

（16）做好人力资源信息的保密工作。

（17）协助培训师做好培训协调准备工作，并跟进各部门员工培训。

（18）将员工培训信息准确录入人事管理系统。

（19）协助培训师完成每月培训报表。

（20）协助人力资源主管做好各项节日和奖励等庆典活动的准备工作。

（21）根据酒店要求，协助做好员工的仪容仪表检查工作。

（22）协助人事主管及招聘主管完成日常的工作。

（23）接待来访内、外部客人合乎规范，诠释品牌核心价值。

（24）遵守酒店的工作政策与程序，遵守公司的商业行为准则以及员工手册中的条款。

（25）完成上级交代的其他任务。

五、岗位工作内容与要求

（一）为新员工办理入职手续

（1）提前做好新员工入职的各项准备工作，指导新员工认真、如实填写职位申请表（职位申请表模板见附件）。

（2）根据品牌标准要求欢迎新员工。

（3）指导新员工填写"员工个人信息登记表"。

（4）指导新员工签订劳动合同。

（5）向新员工发放"员工手册""工作说明书"等资料，要求员工细阅并签字，留存副本。

（6）收取并检查员工的相关资料和证件，如身份证、毕业证、学位证、健康证、暂住证、资格证和照片等。

（7）为新员工录入指纹。

（8）向新员工发放"制服领取单"、名牌、饭卡、更衣柜钥匙等酒店工作必需品。

（9）必要时，引导批量入职的新员工到制服房、更衣室和员工食堂等场所熟悉场地。

（10）通知各用人部门到人力资源部认领新员工到岗工作。

（11）把新员工的各项信息录入人事管理系统。

（二）为员工办理离职手续

（1）检查员工的离职申请有无相关主管（部门经理/总监、人力资源部经理/总监等）的签名。

（2）与人力资源经理/总监确认跟离职员工进行离职面谈时间。

（3）发放"离职员工交接手续表""工作交接明细表"和"物品交接单"，指导员工按程序到酒店各部门（如财务部结清借款、客房部退还制服），办理签字确认手续，再返回人力资源部。

（4）回收相关表格，并确认手续完备后为离职员工开具"解除劳动合同证明"。

（5）统计离职员工本月考勤，报财务部进行工资结算。

（6）登记在册，并通知负责社保的员工进行社保转移。

（三）发放和回收员工"试用转正评估表"

（1）每月通过人事系统筛查下月试用期满人员名单。

（2）发备忘录提前通知相关部门做好试用评估准备。

（3）与相关部门经理确认试用期拟不予通过人员名单。

（4）试用期满前3天（试用不通过者4天）回收"试用转正评估表"。

（5）根据"试用转正评估表"的走单程序进行追踪。

（四）劳动合同续订工作流程

（1）每月底通过人事系统筛查下月合同到期人员名单。

（2）将合同到期人员名单及"续订劳动合同意见征求表"发送给相关部门经理和员工。

（3）提前40天回收"续订劳动合同意见征求表"。

（4）根据"续订劳动合同意见征求表"，制作是否续订合同意见汇总表，并报呈人力资源部经理/总监。

（5）准备劳动合同文本。

（6）至少提前1个月下发"劳动合同书"，一式两份。

（7）提前半月回收"劳动合同书"。

（8）检查"劳动合同书"是否有字迹模糊、涂改的情况，如有则要求重新签订。

（9）送呈总经理签字盖章。

（10）一份"劳动合同书"发给员工保存，一份由人力资源部存档。

（五）培训协调程序及工作内容

（1）接受培训经理的指示，收集各部门培训需求。

（2）与各部门培训员或经理、培训师确定培训时间和地点。

（3）发培训通知。

（4）准备培训器材与资料，并确保设备能正常工作。

（5）协助培训师做好培训场地的准备工作。

（6）做好培训签到准备。

（7）统计培训人员并录入培训管理系统。

（8）每月制作培训报告。

（9）跟踪培训活动，确保各部门能按计划实现培训目标。

（10）收集培训反馈并在培训经理指导下做培训数据分析。

（11）协助培训经理召开培训会议。

六、实习任务

（一）岗位适应阶段（实习到岗后1个月内）

（1）建立融洽的同事关系；

（2）了解酒店的组织结构及人员配备情况；

（3）了解实习酒店人力资源部在酒店的地位、作用及业务范围；

（4）了解人力资源部个人工作职责、范围；

（5）了解人力资源部的日常工作流程和标准；

（6）了解酒店各部门的工作场所、运营基本情况；

（7）熟悉并学会运用酒店人力资源管理软件系统；

（8）了解酒店的组织文化和核心价值；

（9）理解人力资源保密工作的意义和重要性。

（二）业务提升阶段（实习到岗后1个月至实习结束前1~3个月）

（1）运用酒店的品牌文化理念及核心价值去指导日常对内、外部客人提供的各项服务；

（2）熟练运用酒店人力资源管理系统软件；

（3）熟练掌握接待酒店内外部客人的服务技巧；

（4）掌握帮助内外部客人解决问题的技能和技巧；

（5）掌握人力资源部人力报表、培训报表的制作和分析方法；

（6）充分认识并掌握人力资源协调员各项工作的重点、难点；

（7）了解人力资源部相关岗位的工作流程、标准。

（三）能力拓展阶段（实习期结束前1~3个月）

（1）充分了解和掌握酒店人力资源整体状况；

（2）能根据酒店住房率预测情况进行简单人力需求分析；

（3）了解酒店运营部门的工作内容及业务流程；

（4）懂得对工作进行分拆，合理分配时间，按照计划组织分配工作，并能在压力环境下保持稳定的情绪和心态；

（5）见微知著，能通过各种渠道，收集信息，并提供建设性意见；

（6）总结本部门工作中做得好的方面和存在的问题，并提出改进建议；

（7）收集整理本部门工作中出现的两个典型案例，并运用所学知识进行分析。

七、管理能力训练

根据实习情况，企业实习导师定期组织学生对人力资源部运行中出现的典型案例进行深层次的分析和讨论，使理论与实践有机地结合起来，促进学生管理能力的提升。

八、推荐阅读

（一）专著

1.［美］富兰克·M.戈，孙红英.酒店业人力资源管理［M］.大连：大连理工大学出版社，2002.

2.张宗道.现代酒店管理知识大全［M］.广州：广东旅游出版社，2003.

（二）期刊

桂林旅游学院：旅游论坛

（三）报纸

中国旅游报

（四）网站

1.最佳东方网（www.veryeast.cn）

2.中国人力资源网（www.hr.com.cn）

3.领英（www.linkedin.cn）

（五）自媒体

微信公众号：酒店高参

附件：职位申请表模板

APPLICATION FORM
职位申请表

PERSONAL DATA 个人资料							
Position Applied 申请职位		Expected Salary before Tax 期望薪水（税前）			Applicant's Name in Chinese 申请人中文姓名		Photo 照片
Applicant's Name in English 申请人英文姓名		Date & Place of Birth 出生日期及地点			Residential ID Card No. 居民身份证号码		
Nationality 国籍	Tribe 民族	Sex 性别	Height 身高	Weight 体重	Residence 户口所在地		Native Place 籍贯
Marital Status 婚姻状况	☐ Single 未婚　　☐ Married 已婚　　☐ Divorced 离异　　☐ Widow 丧偶 ☐ Separated 分居						
Spouse Name 配偶姓名		Spouse Telephone 配偶电话			Spouse's Occupation and Employer 配偶职位和单位		
Residential Address 居住地址					Telephone No. 电话号码 Mobile 移动电话 Home 住宅		

FAMILY MEMBERS AND THEIR EMPLOYERS 家庭主要成员及工作单位				
Name 姓名	Relationship 关系	Age 年龄	Employer 工作单位	Address 地址

EDUCATION 学历（In Chronological Order 请按年序填报）				
Name of Institute 学校名称	Course Attended 就读课程	FROM mm/yy 由月/年	TO mm/yy 至月/年	Qualification Attained 所获证书

续表

EMPLOYMENT RECORD 工作记录（Start with your present job 请由阁下现时之工作开始填写）

FROM mm/yy 由月/年	TO mm/yy 至月/年	Name of Company 公司名称	Position & Salary 职位及薪金	Job Duties 工作范围	Reason for Leaving 离职原因	Reference & Telephone 证明人及电话

TRAINING AND PROFESSIONAL QUALIFICATIONS 培训与专业资格

Date /Period 日期	Name of Training Institute 培训机构	Training Course 培训课程	Professional Qualification 专业资格

RELATED QUALIFICATIO/SKILLS 相关技能

LANGUAGE ABILITY 语言能力

ENGLISH 英语	FRENCH 法语	JAPANESE 日语	OTHER 其他
☐ EXCELLENT ☐ GOOD ☐ AVERAGE ☐ POOR	☐ EXCELLENT ☐ GOOD ☐ AVERAGE ☐ POOR	☐ EXCELLENT ☐ GOOD ☐ AVERAGE ☐ POOR	☐ EXCELLENT ☐ GOOD ☐ AVERAGE ☐ POOR

DECLARATION 声明

I declare that the information given above is true and correct. I understand that any false information will render me liable to disqualification for appointment or termination of employment contract if already employed by ×××Hotel.

本人保证以上提供之信息真实准确。本人亦明白如有虚报，将丧失申请资格；纵使获得雇用也可能受到解雇。

Signature/签名：

第二节　酒店文秘实习指导书

一、岗位基本情况介绍

酒店的文秘岗位特指酒店各部门的文员或秘书。文秘在酒店业务活动过程中起到承上启下、沟通协调的作用。其工作性质因部门不同各有特点。

作为学生校外顶岗实习的岗位之一，其主要业务包含文案处理、来电处理、来访接待等以及具有本部门业务特点的相关工作。

二、岗位实习目标

学生通过顶岗实习，了解酒店文秘的工作内容和相关知识，了解本部门的组织结构、岗位职责、功能及业务范围；掌握文案处理、来电处理、来访接待等主要业务流程和工作内容；树立优秀的酒店服务理念，拥有良好的职业素养，养成良好的沟通技巧和协调能力，不断积累经验，触类旁通，提升解决酒店本部门工作中出现的问题及突发事件的能力。

三、岗位任职条件

（1）仪容仪表端庄得体，和蔼、热情、谦逊，表情自然大方，身体健康。

（2）性格开朗，善于交际；品德良好，为人正派、诚实；责任心强；有较强的自我情绪调节能力。

（3）有较强的语言沟通能力，英语口语流利，反应敏捷，有较强的处理突发事件的能力。

（4）关注细节、执行力强，能够有效传达、贯彻和执行上级的各项指示、计划、意愿。

（5）具有较强的文字表达能力和学习新知识的能力，能胜任各类文案处理工作。

（6）能熟练使用各类常用办公软件，熟悉操作各种办公自动化设备，如计算机、打印机、传真机、复印机等。

（7）能严守机密，恪尽职守，吃苦耐劳，具有团队精神。

四、岗位职责

（1）协助部门经理起草整理工作计划、备忘录、规章制度、往来文件等文案资料。

（2）做好文件呈送、处理、归档等工作。

（3）参加部门例会，做好会议记录。

（4）跟进部门工作进展情况并及时反馈。

（5）处理来电。

（6）做好日常来访接待。

（7）提醒部门经理工作日程安排。

（8）做好本部门办公设备的维护、保管。

（9）完成上级领导临时安排的工作任务。

五、岗位工作内容与要求

（一）文案撰写

（1）了解文案撰写的意图和要求；

（2）熟悉各种文案的撰写规范；

（3）撰写文案；

（4）呈部门经理审阅并根据审阅意见进行修改；

（5）将文案定稿发送至相关部门或人员；

（6）文案存档。

（二）文件呈送、处理、归档

1. 文件呈送

（1）电子文件呈送时，按要求发送至相关部门经理或领导的邮箱；

（2）纸质文件呈送时，先由部门经理签字，再按要求分送相关部门。

2. 文件处理

（1）在收到文件时，及时呈送部门经理审阅；

（2）根据部门经理的审阅意见及时分发给相关分部门主管执行。

3. 文件归档

按文件发送部门和日期进行归档。

（三）来电处理

（1）电话铃响三声之内接听，使用规范语言问候，并报所在部门名称。

（2）聆听并记录来电者需求，必要时请对方重复某些细节或需求。

（3）重述对方询问的内容，以便对方确认，并记下来电者相应信息。

（4）尽快及时准确地给予来电者满意的答复。

（5）如来电者咨询的是非本部门业务，可为其转接至相关部门。

（6）为部门领导过滤外线电话。

（7）对需要回复的电话及时回复。

（8）按规定做好来电记录。

（四）办公设备维护管理

（1）定期检查办公设备的使用情况，保证其良性运行。

（2）建立设备使用档案，将使用说明书、设备运行情况记录表、设备维护保养记录表等原始资料分类保存。

（3）每日对办公设备进行清洁保养。

（4）办公设备发生故障时，及时报修。

（5）办公设备损坏需要更新时，按酒店采购规定和程序及时申购。

（6）因业务需要增加新办公设备时，向经理提出采购建议。

（五）来访接待

（1）热情礼貌接待客人，准确称呼客人，尽可能使用客人姓氏称呼；如客人是首次来访，应及时迅速掌握客人基本信息。

（2）请客人落座，并奉茶水。

（3）聆听客人需求，必要时请客人重复某些细节或需求。

（4）重述客人询问的内容，以便客人确认。

（5）及时准确地给予客人满意的答复。

（6）对于不能及时回复的情况，向客人表示歉意，并及时与上级部门报告和反馈。

（7）如有需要，应将客人引领至相关人员或部门处，协助解决问题。

（8）做好来访接待记录，对重要事宜应向主管领导作汇报。

（六）前厅部文秘

（1）协助前厅部经理处理文件、信函、档案等工作。

（2）做好本部门采购单据的填报、送批和记录工作。

（3）及时向分部门主管传达本部门工作安排及要求。

（4）接听部门电话，做好相关记录。

（5）为部门经理过滤外线电话，接待本部门的来访客人。

（6）做好前厅部例会和各种业务会议的准备工作及会议记录，并将会议记录存档。

（7）月末做好部门考勤核查工作，交部门经理签字后报人力资源部。

（8）做好办公设备的维护保养工作，保证办公设备的良性运行。

（9）完成部门经理交代的各项临时工作。

（七）客房部文秘

（1）协助行政管家处理文件、信函、档案等工作。

（2）保持办公室干净、整洁。

（3）准备客房部各种工作所需表格，为行政管家准备各种需要签字的申请表。

（4）保持与其他部门的密切联系，传送有关表格和报告。

（5）管理各种设备和用具，编写建档并定期清点，对外借物品进行登记并及时收回。

（6）做好客房部各类单据、表格、文件的分类存档和登记工作。

（7）协助行政管家安排客房部各类会议并记录存档。

（8）完成上级领导布置的其他任务。

（9）与客房服务中心文员协调做好工作，必要时相互补位。

（八）餐饮部文秘

（1）协助餐饮部经理或总监处理文件、信函、档案等工作。

（2）协助餐饮部经理或总监处理餐饮销售合同相关事宜，并做好存档。

（3）协助处理菜单的印制工作。

（4）做好本部门采购单据的填报、送批和记录工作。

（5）收集、存档餐厅及厨房的各类报表。

（6）及时向分部门主管传达本部门工作安排及要求。

（7）接听部门电话，做好相关记录。

（8）为部门经理或总监过滤外线电话，接待本部门的来访客人。

（9）做好餐饮部例会和各种内部业务会议的准备工作及会议记录，并将会议记录存档。

（10）月末做好部门考勤核查工作，交部门经理签字后报人力资源部。

（11）做好办公设备的维护保养工作，保证办公设备的良性运行。

（12）完成部门经理或总监交代的各项临时工作。

（九）销售部文秘

（1）热情迎接来访者，协助客人与相应的销售人员会面。

（2）按标准接听电话，依情况将电话转接到相关销售人员处；若销售人员不在，请客人留言，做好记录并转达到位。

（3）协助销售人员安排与客人的会面时间，编排日程表，适时提醒有关人员。

（4）协助销售部经理组织召开各类工作会议，做好会议记录。

（5）对销售部收发的文件、信函、资料等进行分类、整理、分发与归档。

（6）整理和熟悉销售部的客户资料库，随时更新资料库，方便相关人员查阅。

（7）做好沟通，协调销售部与其他部门的关系和工作安排。

（8）制作酒店大型活动的邀请函，对酒店各种有纪念意义的物品须分类存档备用。

（9）负责部门内的出勤情况记录与报送，保持办公室环境整洁。

六、实习任务

（一）岗位适应阶段（实习到岗后3个月内）

（1）建立融洽的同事关系；

（2）了解实习酒店本部门的组织结构及人员配备情况；

（3）了解实习酒店文秘在本部门的地位、作用及业务范围；

（4）熟悉文秘的工作流程、标准；

（5）了解常用办公软件的使用方法。

（二）业务提升阶段（实习到岗后3个月至实习结束前1~3个月）

（1）熟练运用各种办公软件；

（2）掌握接待服务技巧；

（3）掌握人际沟通技巧；

（4）了解酒店各部门相关岗位的工作流程、标准；

（5）熟练掌握各类公文的撰写技巧；

（6）了解本部门班次及排班依据。

（三）能力拓展阶段（实习期结束前1~3个月）

（1）了解本部门各岗位的薪酬构成；

（2）掌握本部门常用报表的制作和分析方法；

（3）了解本部门领班、主管的工作内容及业务流程；

（4）了解本部门经理的岗位职责与工作内容；

（5）总结本部门工作中做得好的方面和存在的问题，并提出改进建议；

（6）收集整理本部门工作中出现的两个典型案例，并运用所学知识进行分析。

七、管理能力训练

根据实习情况，企业实习导师定期组织学生对本部门运行中出现的典型案例进行深层次的分析和讨论，使理论与实践有机地结合起来，促进学生管理能力的提升。

八、推荐阅读

（一）专著

1. 郭玲，尤冬克．秘书学导论［M］．北京：人民出版社，2007．
2. ［美］罗杰·安德生．每一种性格都能成功［M］．长春：吉林文史出版社，2004．
3. 孟庆荣，刘艳．秘书工作案例及分析［M］．北京：清华大学出版社，2007．

（二）期刊

1. 上海大学：秘书
2. 中共湖南省委办公厅和湖南省秘书学会：当代秘书
3. 中共中央办公厅秘书局主管：秘书工作
4. 兰州大学：秘书之友
5. 中国档案出版社：办公室业务
6. 广东省行政管理学会主办：广东秘书工作
7. 中国仪器仪表学会：办公自动化

（三）网站

1. 秘书培训网（www.mishupeixun.cn）
2. 中原秘书网（www.zyfw114.com）
3. 中华文秘教育网（www.chinamw.net）
4. 秘书乐园（www.dwmly.com）

（四）自媒体

微信公众号：职场文秘微信号：bagua121、文秘工作 ID：msgz

第五章 酒店实习总结

第一节　酒店实习总结

实习总结不是要解决和回答某一时期要做什么，如何去做，做到什么程度的问题，而是对实习工作和学习实施结果的总鉴定和总结论，是对以往实习工作和学习实践的一种理性认识。

一、实习总结的目的和意义

（1）实习总结是对实习期间的工作与学习进行回顾、反思和分析，肯定成绩，找出问题，总结经验教训。

（2）通过实习总结，可以全面地、系统地了解以往的实习工作情况，正确认识实习工作与学习中的成绩和不足；相互交流和分享实习中的经验，借鉴不同酒店典型案例的处理方法，以达到相互学习、共同提高的目的。

（3）通过实习总结，使零星的、肤浅的、碎片化的、表面性的感性认识上升到全面的、系统的、本质的理性认识上来，有利于培养学生勤于思索、善于总结的能力，提升学生的综合素质。

二、酒店实习总结的要求

（一）实习总结的时机

实习总结具有时效性，最好在学生实习返校的两周内进行，因为这时学生们对实习经历记忆犹新，甚至仍沉浸在实习的情境当中，激情犹存，能够更好地对实习中的工作与学习进行总结和分析，交流和分享实习酒店中的典型事件和案例。如果学生返校时间过长，学生对实习中的人和事逐渐淡忘，难以激发同学们回忆实习经历的激情，不能达到最佳的总结效果。

（二）实习总结的形式

实习总结可以采用开设实习总结课、撰写实习报告、小组座谈交流等多种形式。

1. 开设实习总结课

开设实习总结课，将实习总结纳入教学计划。课时量可为 2 周 ×3 节或 3 周 ×2 节课的形式。课堂教学采取以学生为中心的模式，具体教学内容如下：

（1）实习回顾：让学生对比实习前后对酒店的认识，并进行分享。引导学生进行思考，解答实习过程中遇到的问题和疑问，有利于学生加深对酒店业务的理解，培养爱岗敬业的精神。

（2）收获和感悟：以实习酒店或部门为单位组成小组进行讨论，讨论后每个小组派代表发言分享小组观点，内容可包括：

①介绍酒店的岗位职责和工作内容、本酒店的状况或本部门的特点；

②实习的收获和感悟；

③通过实习，对学校的课程改革提出意见和建议。

本环节学生对不同实习岗位职责和工作内容的回顾和分享，不仅能让学生全面了解酒店各岗位职责和工作内容，还可了解不同品牌酒店的文化特点，有助于帮助学生全面了解和认识酒店行业；通过分享各自在实习过程中的收获和感悟，使学生了解其他同学的优秀实习经验和做法，树立正确的职业观，激发学生热爱酒店工作的热情；学生经过实习对酒店工作有初步认识后，从酒店业务出发对学校教学改革建议的分享，有助于学校对现有课程进行反思，为进一步改善教学、优化课程打下基础。

（3）实习案例分享：让学生分享实习过程中的典型案例及其处理方法，使学生掌握酒店运作中常见问题的处理方法和技巧，引导他们对案例的思考，培养从事酒店工作的兴趣，提升分析问题、解决问题的能力。

一个典型的案例应该是酒店真实发生的、有代表性的事件。案例的撰写应该包含事件的完整经过，运用所学的专业知识对该事件进行分析，提出解决问题的对策与建议。

2. 撰写实习报告

实习报告是以书面的形式对本人实习过程中的认知、体会和收获的全面总结，是对整个实习经历的反思和再现，是表述实习成果的方式。实习报告的撰写质量直接反映出学生专业水平和综合素质的高低。

（1）实习报告的撰写要求。

实习报告的内容，可分为以下五个部分：

第一部分，实习酒店的情况介绍，包括酒店的品牌、名称、地理位置、经营情况等。

第二部分，实习岗位情况介绍，包括岗位职责、工作内容、工作流程。

第三部分，实习感悟。对实习工作的认识和理解。结合本人的实习情况，运用所学的知识，对酒店的运作情况、存在问题进行分析，提出解决问题的办法和对策。

第四部分，个人提升。反思自己在实习过程中的不足，提出改进计划。

第五部分，附录。附上本人实习中的典型工作场景照片，实习期间获得的各种荣誉的相关证明材料，如获奖证书图片、客人的表扬信等。

（2）实习报告的格式：一般使用 A4 纸打印，包含封面、目录、正文、结束语和致谢、参考文献、附录，并按此顺序装订成册。

（3）实习报告字数不少于 5000 字。

（4）实习报告上交时间：要求在实习结束返校后三周内完成，上交至指定的机构或老师处。

（5）实习报告要求独立撰写，不得抄袭，不得敷衍了事。

3. 小组座谈交流

由班级组织或个人自愿组合等多种形式组成小组，在课外对实习工作和学习情况进行座谈交流，分享经验、总结不足。分享的内容和形式可参照上文相关内容。

第二节　实习成绩评定

学生的校外顶岗实习成绩由实习期间的表现、实习日志和实习报告三个部分组成。

一、顶岗实习期间的表现

顶岗实习期间的表现由实习酒店在学生实习结束前进行评定，并填写酒店实习鉴定表。实习鉴定表由两部分组成，即学生自我鉴定和酒店评价。学生自我鉴定由学生本人对实习期间的表现进行客观的自我评价。酒店评价则由酒店对每位实习生在实习过程中的工作态度、工作技能和工作效果等方面进行综合评价，评价结果写在实习鉴定表中，并加盖酒店人力资源部公章，作为学生校外实习教学环节的主要成绩之一。实习鉴定表可由酒店统一邮寄或由学生本人在实习结束返校后两周内交到指定的机构或老师处。

学生酒店实习成绩鉴定表参考格式见附录1。

二、实习日志

实习日志记载着实习期间工作、学习和生活中的经历、收获、感悟以及对学校实习管理、课程安排的建议。实习日志本由学校统一印制，于实习前发给学生。根据学生实习期间的工作学习规律，一般来说，学生刚到实习岗位时，面对新的环境，往往有较多的感悟，随着实习时间的推移，会慢慢习惯于日复一日的周期性工作。因此，按照先密后疏原则要求学生撰写实习日志，即学生到岗实习后的第一周每天写一篇日志；第二周至到岗一个月内，每周写一篇日志；第二个月起每月写一篇日志。实习日志由学生本人在实习结束两周内和实习鉴定表一起交到指定机构或老师处，由老师进行批阅。老师通过批阅实习日志，了解学生的实习表现，同时收集学生关于实习管理、课程安排以及相关有价值的意见建议，反馈给学校相关部门，以便对现有的工作进行改进和优化。

实习日志本的模板见附录2。

三、实习报告

实习报告的相关要求见本章第一节的"撰写实习报告"相关内容。

实习报告模板见附录3。

 本章推荐阅读

（一）专著

1.［美］奥法伦，拉瑟福德.酒店管理与经营［M］.大连：东北财经大学出版社，2013.

2.王大悟，刘耿大，等.酒店管理180个案例品析［M］.北京：中国旅游出版社，2002.

（二）期刊

1.北京联合大学旅游学院：旅游学刊

2.桂林旅游学院：旅游论坛

（三）报纸

中国旅游报

（四）网站

1. 迈点网（www.meadin.com）

2. 中国酒店网（www.ch-ra.com）

3. 中国旅游酒店网（www.ctha.org.com）

（五）自媒体

微信公众号：酒店人指南、酒店精英孵化器

参考文献

［1］陈润丽.客房部运营管理［M］.北京：电子工业出版社，2009.

［2］陈雪琼.旅游饭店前厅服务实训教程［M］.福州：福建人民出版社，2002.

［3］陈玉伟.厨房综合管理［M］.北京：中国物资出版社，2011.

［4］成荣芬.酒店市场营销［M］.北京：中国人民大学出版社，2013.

［5］程旭东.现代饭店管理［M］.北京：人民邮电出版社，2009.

［6］崔震昆.厨房设计与管理［M］.上海：上海交通大学出版社，2015.

［7］方伟群.酒店财务管理操作实务［M］.北京：中国旅游出版社，2015.

［8］傅生生.酒水服务与酒吧管理［M］.3版.大连：东北财经大学出版社，2014.

［9］郭一新.酒店前厅客房服务与管理实务教程［M］.武汉：华中科技大学出版社，2010.

［10］国家旅游局人事劳动局教育司.现代旅游饭店管理［M］.北京：中国旅游出版社，2002.

［11］韩白莲.酒店前厅服务技能实训［M］.北京：北京交通大学出版社，2014.

［12］郝瑞敏.酒店酒吧服务员精细化操作手册［M］.漫画图解版.北京：人民邮电出版社，2013.

［13］何广明.优质管理五常法［M］.广州：广东经济出版社，2008.

［14］何立萍.酒吧服务与管理［M］.2版.北京：中国人民大学出版社，2017.

［15］何强.西餐服务［M］.北京：中国人民大学出版社，2007.

［16］黄爱时.前厅服务与管理［M］.武汉：华中科技大学出版社，2010.

［17］霍澜平.现代推销技术［M］.北京：高等教育出版社，2011.

［18］贾永海.饭店财务管理［M］.北京：高等教育出版社，2009.

［19］匡家庆.调酒与酒吧管理［M］.北京：中国旅游出版社，2012.

［20］李光宇，等.前厅客房服务与管理［M］.北京：化学工业出版社，2013.

［21］李强.顶岗实习指导［M］.北京：人民日报出版社，2014.

［22］李晓云.酒店宴会与会议业务统筹实训［M］.北京：中国旅游出版社，2012.

［23］李晓云.宴会策划与运行管理［M］.北京：旅游教育出版社，2014.

［24］李忠华.机关公文写作与秘书基本功150问［M］.北京：中国铁道出版社，2013.

［25］林璧属，等.世界知名饭店集团发展模式［M］.北京：旅游教育出版社，2009.

［26］林德荣.餐饮经营管理策略［M］.北京：清华大学出版社，2012.

［27］刘伟.客房管理［M］.北京：高等教育出版社，2006.

［28］刘伟.酒店管理［M］.北京：中国人民大学出版社，2014.

［29］刘正华，郭伟强.现代餐饮服务与管理［M］.北京：旅游教育出版社，2016.

［30］鲁德胜，傅天祝.西方管理在中国的应用：长城饭店管理模式及操作实务［M］.北京：中国旅游出版社，1994.

［31］侣海岩.饭店餐饮标准操作程序即查即用手册［M］.北京：旅游教育出版社，2010.

［32］［美］Margaret M. Kappa，Aleta Nitschke，等.饭店前厅管理［M］.潘之东，主译.北京：中国旅游出版社，2002.

［33］马桂顺.酒店财务管理［M］.北京：清华大学出版社，2008.

［34］门仓多仁亚.德式厨房规则［M］.黄曙玉，译.济南：山东人民出版社，2013.

［35］孟庆杰，唐飞.前厅客房服务与管理［M］.5版.大连：东北财经大学出版社，2013.

［36］钱和主.HACCP原理与实施［M］.北京：中国轻工业出版社，2010.

［37］Ronald F. Cichy.卫生质量管理［M］.阎喜霜，主译.北京：中国旅游出版社，2005.

［38］任占忠.大学生实习指导［M］.北京：北京交通大学出版社，2013.

［39］宋秋，唐恩富，等.酒店前厅服务与管理实训教程［M］.成都：西南财经大学出版社，2014.

［40］宋涛.酒店财务管理［M］.武汉：华中科技大学出版社，2014.

［41］堂钧.行政秘书学［M］.北京：中国人民大学出版社，2013.

［42］汪珊珊.西餐与服务［M］.北京：清华大学出版社，2011.

［43］王宏，廖天.高级文秘岗位培训手册［M］.广州：广东经济出版社有限公司，2011.

［44］王克娇.ISO22000食品安全管理体系应用与实施［M］.北京：中国计量出版社，2011.

［45］王秋明.主题宴会设计与管理实务［M］.北京：清华大学出版社，2013.

［46］王少蓉.现代饭店管理［M］.天津：天津大学出版社，2011.

［47］王岩.秘书礼仪.［M］.北京：中国人民大学出版社，2016.

［48］王玉.前厅部实训教程［M］.西安：西安交通大学出版社，2011.

［49］翁玉良，钟幼茶.酒店财务管理［M］.杭州：浙江大学出版社，2009.

［50］吴健安.市场营销学［M］.北京：高等教育出版社，2010.

［51］吴克祥.酒文化与酒吧管理［M］.2版.天津：南开大学出版社，2014.

［52］许宏裕.西餐大师［M］.武汉：湖北科学技术出版社，2016.

［53］严华.2016高级秘书与行政助理［M］.广州：暨南大学出版社，2016.

［54］姚晓明.西餐管理员督导实务［M］.广州：广东经济出版社，2004.

［55］叶伯平.宴会设计与管理［M］.北京：清华大学出版社.2013.

［56］叶伯平.宴会概论［M］.北京：清华大学出版社，2015.

［57］于永华，谌文.酒店前厅与客房管理［M］.北京：旅游教育出版社，2015.

［58］曾海霞，汪蓓静.西餐服务［M］.北京：旅游教育出版社，2011.

［59］张虹.姬瑞环档案管理基础［M］.北京：中国人民大学出版社，2013.

［60］张宗道.现代酒店管理知识大全［M］.广州：广东旅游出版社，2003.

［61］赵庆梅，蔡海燕.前厅服务与管理［M］.上海：复旦大学出版社，2013.

［62］赵庆梅.餐饮服务与管理［M］.上海：复旦大学出版社，2011.

［63］郑向敏.酒店管理［M］.3版.北京：清华大学出版社，2014.

［64］周同钦.秘书学概论［M］.2版.北京：中国人民大学出版社，2014.

［65］周亚庆，黄浏英.酒店人力资源管理［M］.北京：清华大学出版社，2017.

［66］邹益民.现代饭店餐饮管理［M］.北京：中国财经经济出版社，2010.

附 录

附录1 学生酒店实习成绩鉴定表

学生酒店实习成绩鉴定表

姓名：　　　　班级：　　　　学号：　　　　填表时间　年　月　日

实习地点			实习时间	从　月　日至　月　日　共　周					
实习内容									
指标	项目	指标细则（本栏以下由实习生所在部门或人事部门负责人填写）	数值	评分等级					
				A	B	C	D	E	
工作态度	1	出勤率、准时性	5	5	4	3	2	1	
	2	遵守工作制度和操作规程	5	5	4	3	2	1	
	3	积极性和主动性	5	5	4	3	2	1	
	4	礼貌礼仪	10	10	8	6	4	2	
工作技能	5	掌握实习岗位操作技能	10	10	8	6	4	2	
	6	适应工作环境	10	10	8	6	4	2	
	7	交际能力和应变能力	10	10	8	6	4	2	
	8	成熟性、合作性	5	5	4	3	2	1	
	9	工作效率	5	5	4	3	2	1	
	10	外语会话能力	5	5	4	3	2	1	
工作效果	11	对实习单位经营及管理的了解掌握程度	10	10	8	6	4	2	
	12	客人或实习单位员工的满意程度	10	10	8	6	4	2	
	13	实习过程中，专业知识的应用程度	5	5	4	3	2	1	
	14	对实习单位的合理化建议	5	5	4	3	2	1	
备注：有下列情况之一的，一律为不及格 1.经常迟到、早退或擅离职守、旷工的； 2.私收和索要小费的； 3.有重大责任事故，给实习单位造成损失的； 4.被客人投诉、主要过错在本人的； 5.工作时间打架斗殴的； 6.其他严重违纪行为。			总评分						
			评分人						

续表

个人自我鉴定	
	（本栏由实习生本人填写）
实习单位评语	签名：　　　　　　实习单位（公章） （本栏由实习生所在部门或人事部门负责人填写，盖公章）
终评成绩 注：终评成绩分优、良、中、及格、不及格五级制评分，由带队教师与指导教师协商评定。	指导教师意见 签名：	学校意见 签名：

附录2 酒店管理学院实习日志本

酒店管理学院

实习日志本

班　　别：_____

姓　　名：_____

学　　号：_____

实习单位：_____

实习岗位：_____

实习期限：从____年__月__日至____年__月__日

**志存高远，脚踏实地；
笑对人生，坚持到底。**

志存高远：我们的目标是成为酒店行业的中高级管理人员。因此，在实习过程中我们要时刻以管理人员的标准要求自己，注意把理论知识和实践相结合，勤于思考，积极了解企业的整体运行状况，时刻提醒自己换位思考，努力做到从全局出发考虑问题。

脚踏实地：我们认识到，酒店行业的绝大多数高级管理人员都是从基层做起，一步一个脚印，踏踏实实工作，才有了今天的成就。在实习期间，我一定尽心尽力地完成自己的本职工作，做好每一个细节。

笑对人生：人生是一面镜子，你对它哭，它也对你哭，你对它笑，它也对你笑。我们知道，在实习的日子里一定会碰到一些以前不曾遇到、不曾想到的困难，但是不管如何，我们都要笑着面对。我们要对上级微笑，对同事微笑，对客人微笑，对工作微笑，对生活微笑，我们坚信，在微笑面前，所有的困难会迎刃而解。

坚持到底：人生是一次漫长的旅程，实习是我们职场生涯的演习，它让我们首次独立面对社会，我们清醒地认识到，如果在短短的实习期都不能坚持到底，将来漫长职场人生路上的坎坷将会更加难以逾越。因此，不管在实习期间遇到什么困难，我们都有信心，也有能力克服它，顺利完成实习，在自己的职场之路上迈出坚实的第一步。

酒店管理学院

学生实习实训管理规定

为加强实习实训期间学生管理工作,确保学生圆满完成实习实训任务,特制定酒店管理学院学生实习实训管理规定。具体内容如下:

1. 遵守学校各项学生管理规定及实习单位各项规章制度,服从管理,接受正常的工作安排。

2. 端正实习态度,踏实认真工作,勤于学习总结。每位同学必须按要求撰写实习日记,并在实习结束返校后三周内提交一篇实习报告。

3. 实习实训期间不经用人单位人事部门及学院允许,不得擅自离开实习岗位。因特殊原因需要请假或提前离职的学生,必须出具有效证明,经实习单位及学院领导批准并办理正式手续后方可离开实习岗位。

4. 遵守国家法律、法规,注意人身安全。不得组织或煽动闹事;不得偷窃、诈骗国家、集体或私人财物;不得参加赌博;不得参与或策划打架事件;不得传播、观看、收藏淫秽物品或发生不正当性行为;不得吸毒、贩毒;不得参与传销组织的活动。

5. 对违反以上规定的实习生,实习成绩记为"不及格",本学期操行评定为"差",并视情节轻重给予相应的校纪处分。此外,一年内不得参加评先(含奖学金),不得担任各级学生干部。在校期间(含实习实训)连续三次受违纪处分者,将被勒令退学。

酒店管理学院

××××年××月××日

学生实习安全注意事项

为加强实习实训期间学生管理工作,确保学生的人身财产安全,特制定酒店管理学院实习安全注意事项。具体内容如下:

1. 遵纪守法

严格遵守学校和实习单位的管理制度,在实习期间不要酗酒,以免饮酒过度发生意外;不参与赌博;不因好奇而接触或尝试毒品;不涉足淫秽物品;不参与封建迷信活动;不参与传销组织的活动;遇到违法事件,要及时报警,一定要确保自身生命安全不受侵害。

2. 防抢防盗

妥善保管好自己的存折、银行卡、各种证件、手机、相机等贵重物品;身上不要携带过多现金;晚上不单独外出,不轻信陌生人,不与网友会面;实习往返途中要注意自身行李物品及财物安全,不可放松警惕。

3. 交通安全

自觉遵守交通规则,不酒后或无证驾驶机动车。

4. 谨防诈骗

社会上很多违法犯罪分子利用结交或推销之骗术,引诱大学生上当,主要有:伪装身份,直接骗钱;利用各种关系,骗取信任,引诱上钩;勒索财物等。因此,在实习往返途中和实习期间尽量不要与陌生人交往,不要向陌生人透露自己的情况和信息,不贪小便宜。

5. 其他

不泡网吧;在实习期间与学校及家长保持联系,定期沟通。

最后,预祝同学们愉快地度过一个安全、文明的实习期。

酒店管理学院

××××年××月××日

实习日志

_____年_____月_____日　　　　　星期_____　天气_____　班次_____

附录3 酒店管理学院实习报告

酒店管理学院

实习报告

题　　目：_____

班　　别：_____

姓　　名：_____

学　　号：_____

实习单位：_____

实习岗位：_____

实习期限：从____年__月__日至____年__月__日

指导老师：_____

目　录

1. 实习酒店情况介绍
    1.1　酒店概况
    1.2　酒店经营情况
2. 实习岗位情况
    2.1　岗位职责
    2.2　工作内容
    2.3　工作流程
3. 实习感悟
    3.1　对实习工作的认识和理解
    3.2　酒店做得好的方面
    3.3　酒店经营管理中存在的不足
    3.4　对策建议
4. 个人提升
    4.1　本人在实习过程中存在的不足
    4.2　改进计划
5. 附录
    5.1　典型工作场景照片
    5.2　实习期间所获荣誉相关证明材料